鷺山

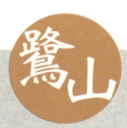

노산鷺山 이은상李殷相 선생

1903~1982

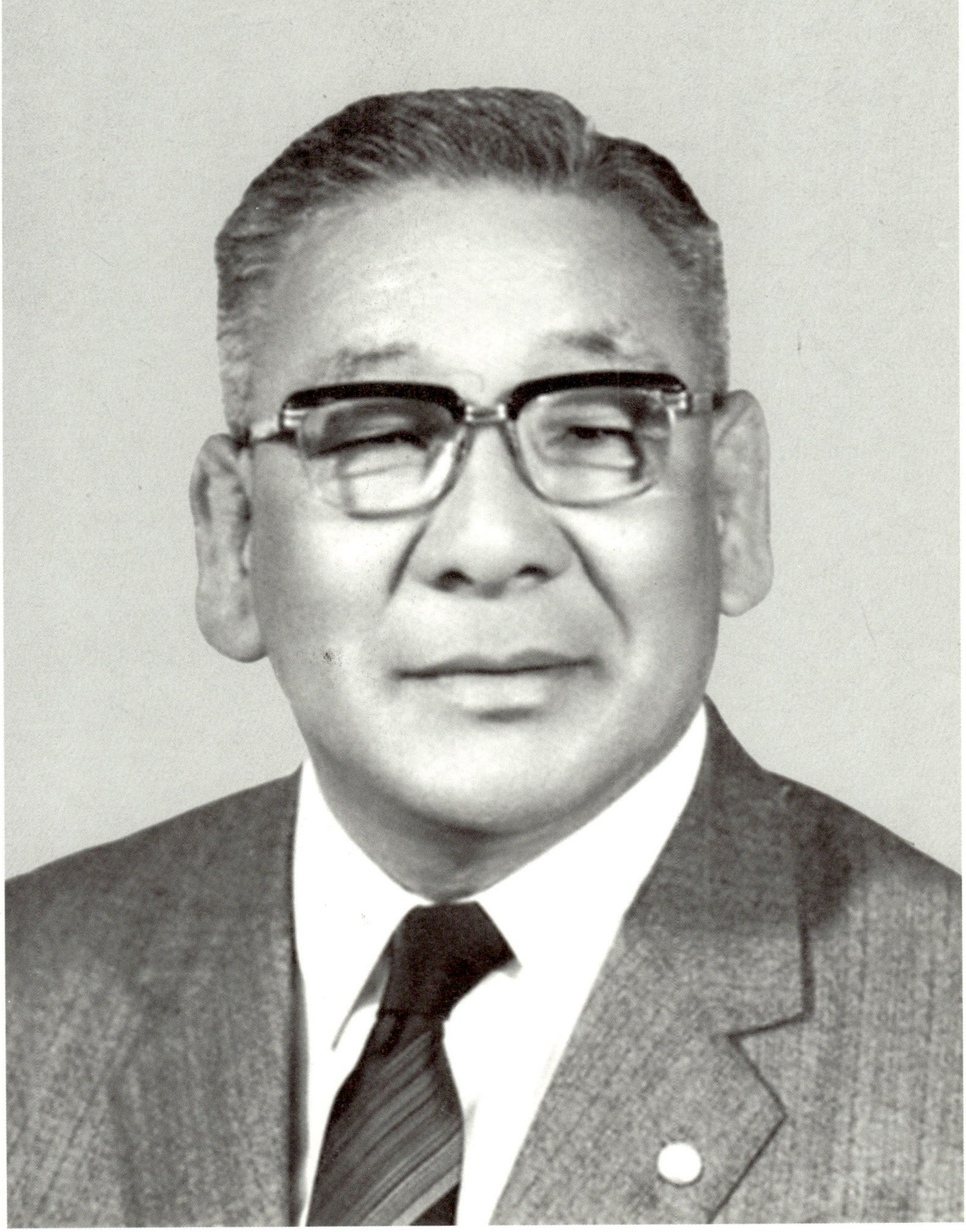

노산 이은상 선생 기림 사화집

가고파, 내 고향 남쪽 바다

경남시조시인협회

이은상 선생 기림 사화집을 엮으며

김진희 경남시조시인협회 회장

　세계 각국은 각 나라마다 전통적으로 이어온 고유의 문화가 있습니다. 건전한 선진문화는 적극 수용하면서 우리 고유문화도 잘 살려 나가는 것이 무엇보다 필요합니다. 격변기 시대를 지나오면서 우리 노래는 시대의 아픔을 노래하고, 그 시대상을 반영하기도 하였습니다. 우리 민족은 예로부터 일할 때나 힘들 때, 즐거울 때도 노래 부르며 심신을 달랬다고 합니다. 산업화와 기계 문명이 발달할수록 정신적 안식처가 되는 고향에 대한 노래는 감동을 주기도 합니다. 그중에서도 많은 사람들이 변함없이 즐겨 부르는 노래가 있습니다.

내 고향 남쪽 바다 그 파란 물 눈에 보이네
꿈엔들 잊으리요 그 잔잔한 고향 바다
지금도 그 물새들 날으리 가고파라 가고파

〈가고파〉는 노산 이은상 선생의 고향인 경남 마산 앞바다를 그리며 지은 노래입니다. 파랗고 잔잔한 고향 바다와 그 위를 날고 있는 물새들, 그리고 같이 뛰어놀던 어릴 적 친구들과 고향에 대한 간절한 그리움을 그려내고 있습니다. 한국 가곡의 형태가 아직 정립단계에 이르지 못했던 당시에 고향을 그리워하며 애타는 심정을 표현하는 노랫말과 선율이 맑고 아름다워 우리 민족이 즐겨 부르는 가곡입니다.

노산은 조선어학회 사건에 연루되어 구금되었다가 이듬해 풀려났으며 사상범 예비검속으로 광양경찰서에서 갇혀 있었습니다. 8·15 해방이 되어 풀려나면서 이순신 장군 기념사업과 안중근 열사 승모운동에 몸을 던져 이끌어 온 애국지사이기도 합니다.

〈고향 생각〉, 〈가고파〉, 〈성불사의 밤〉 등 서정적인 노랫말로 이 땅의 가곡사歌曲史는 물론 시조 부흥에 큰 자취를 남긴 노산은 산을 사랑하여 한국산악인회의 기틀을 다지셨던 분이기도 합니다.

일제 강압시절 앞날에 대한 두려움과 막막한 현실을 참고 이겨 나가는 노랫말은 팍팍한 삶을 살아가는 오늘날에도 우리들 가슴에 물들이고 있습니다. 마음속의 영원한 고향은 어머니의 품속처럼 따뜻하기 때문입니다. 노산을 그리는 많은 사람들이 선생을 추억하며 그의 자취를 더듬어 이은상 선생 기림 사화집 《가고파, 내 고향 남쪽 바다》를 발간하게 되었습니다. 이는 노산을 올바로 이해하고 선생이 추구하고자 했던 깊은 뜻을 이해하는데 도움이 되었으면 합니다.

책을 출간하기까지 편집 실무를 맡아 어려운 여건 속에서도 묵묵히 원고 취합과 정리를 해주신 김복근 시조시인과 편집위원들께 감사 인사를 드립니다.

우리 근대사에 대표적인 민족시인 노산 이은상 선생을 주제로 중복된 내용은 피하였으며, 1인 3편 이내로 제한하여 가능한 많은 사람의 글을 싣고자 하였습니다. 이를 통하여 노산의 삶과 문학에 대한 재평가와 문학사적 위상을 정립하는 데 작은 보탬이 되기를 바랍니다.

축사

마산의 자랑, 한국의 멋과 아름다움

강병도 창신대학교 이사장

　우리나라의 대표적인 문학가이신 노산鷺山 이은상 선생의 기림 사화집 《가고파, 내 고향 남쪽 바다》 출간을 창신학원의 전 가족과 함께 진심으로 축하합니다.

　지난 11월에 창신고등학교 소강당에서 있었던 제1회 노산시조문학상 시상식을 돌이켜 볼 때, 문인들의 삶과 문학을 기려 수여하는 여느 문학상보다 의미 있는 행사였다고 생각합니다. 노산 선생께서 출생하신 지 113년과 서거하신 지 34년을 맞이하는 해에 경남시조시인협회가 뜻을 세우고 마산의 향토기업인 몽고식품주식회사에서 기금 지원을 하여 주시므로 아름다운 결실을 보게 되었습니다.

예부터 마산은 역사와 문화가 살아 숨 쉬는 예향 도시입니다. 노산 선생은 마산에서 태어나 창신학교에서 초중등과정을 수학하시고 서울 연희전문학교를 마치고, 다시 모교에 교사로 근무하는 등 청소년 시절의 꿈을 창신학교에서 키웠으며, 일본 유학을 통한 문학의 성숙을 일구어 현대시조의 기초를 든든히 세우셨습니다.

그리고 노산 선생은 3·1독립만세 운동의 참여와 한글을 말살하려는 일본의 폭정에 맞서 우리말 사전 편찬에 앞장섰던 관계로 마침내 조선어학회 사건으로 일제의 혹독한 옥고를 치르시다가 조국해방이 되자 출옥하여 건국위원회에 참여하신 독립유공자로서 대한민국예술원 종신회원, 한국시조시인협회 종신 명예회장 등 많은 사회단체 활동은 물론 왕성한 저술활동을 하였습니다.

선생의 서거 이후 고향 마산에서는 선생을 기리는 '노산가곡의 밤', '민족문화강좌', '영 리더스 강좌' 등의 사업이 있는데 그 가운데 창신고등학교 교정에 〈가고파〉 시비를 건립하여 선생의 얼과 정신을 계승 발전시킴에 동참하고 있습니다.

우리나라에서 노산 선생의 문학적 업적은 영국에서는 문호 윌리엄 셰익스피어, 독일에서는 문호 요한 볼프강 폰 괴테와 같은 반열에 오른 위대함이라고 생각합니다. 노산의 시조문학 공적과 향기를 그 무엇으로도 결코 덮을 수 없으며 그의 고결한 나라사랑의 의지를 퇴색시킬 수 없는 것입니다. '가장 한국적인 것이 가장 세계적'이라는 말이 있습니다. 대한민국은 우수한 전통문화를 계승하고 발전시켜 나갈 때 비로소 선진 일류국가로 도약할 수 있을 것입니다.

이번에 발간하는 사화집 《가고파, 내 고향 남쪽 바다》에는 서른세 분의 필자들이 그동안 노산 선생에 대한 순결한 문학 사랑과 나라사랑 정신에 관하여 쓴 마흔일곱 작품을 다섯 갈래로 나누어 선생의 모든 것을 엿볼 수 있도록 엮은 자랑스러운 책입니다.

작년의 아름다운 출발에 이어 올해 발간되는 사화집이 마산의 자랑이자 한국적인 멋과 아름다움이 돋보이도록 자리매김할 것입니다. 앞으로 한국 시조문학의 새로운 지평을 열어가는 계기가 되는 동시에 선생의 모교인 창신고등학교에서 문학적 소양을 갖춘 훌륭한 인재가 많이 배출되기를 바랍니다. 발간을 위해 수고하신 모든 관계자 여러분들에게 감사드리며 거듭 축하의 말씀을 드립니다.

노산鷺山 선생님께

윤재근 한양대학교 국문과 명예교수

노산 선생님께 몹시 기쁜 소식을 올리고자 합니다. 서른세 명의 후배들께서 선생님께 올리는 헌사獻詞를 묶어《가고파, 내 고향 남쪽바다》를 펴내었습니다. 몇 사람 말고는 모두 선생님의 후배 시조인時調人들입니다. 하늘에서 선생님께서도 아시겠지만, 이제 시조時調는 우리말을 더욱더 우러러 받들어가고 있습니다. 이제 선생님께서는 후배 시조인時調人들이 짓는 시조를 하늘에서 편안한 마음으로 읊어주셔도 됩니다.

선생님께서 20대 시절 "시조는 없어져야 한다던" 해외파海外派들의 입질을 시조로써 열창熱唱하셨던 일을 후배들은 결코 잊지 않고 있습니다. 선생님께서 일제강점기를 무릅쓰고자 방방곡곡을 몸소 찾아다니면서 《조선사화집朝鮮史話集》을 엮어내시고 이 산하山河 우리들에게 절절한 시조를 읊게 해주셨던 선생님의 깊은 뜻을 또한 후배들은 잊지 않고 있습니다.

　선생님께서 더욱 기뻐하실 일은 후배 시조인들이 시조는 우리말이 아니면 지을 수 없음을 뼈저리면서부터 시조가 우리네 가시歌詩의 본류가 돼가고 있다는 사실이 분명해지고 있다는 것입니다. 굴러온 돌이 박힌 돌 뺀다는 속담은 굴러온 돌은 박힌 돌을 뽑지 못하고 결국 굴러 가버리고 만다는 속뜻을 담고 있음을 이제는 다들 알고 있는지라 선생님께서는 걱정하시지 않아도 되겠습니다.

　이제 정신머리 없는 사대事大 따위는 헛것임을 문화적으로 깨우친 터인지라 노산정신鷺山精神이 정맥正脈이 돼 앞으로 더더욱 시조정신時調精神의 지남指南이 되어 가리란 확신을 이번에 선생님께 올리는 《가고파, 내 고향 남쪽 바다》에서 시조인이 아닌 저마저도 갖게 되었습니다. 외람되이 선생님께 아룁니다.

　"하늘에서 굽어보시고 기쁘게 미소 지어 주십시오."

| 차례 |

4	권두언	이은상 선생 기림 사화집을 엮으며	**김진희**
7	축　사	마산의 자랑, 한국의 멋과 아름다움	**강병도**
10	축　사	노산鷺山 선생님께	**윤재근**

노산시조 12선

18　고향 생각/ 옛동산에 올라/ 성불사成佛寺의 밤/ 사 랑/
22　가고파/ 진달래 Ⅰ/ 오륙도五六島/ ㄹ자/ 해바라기/
31　너라고 불러 보는 조국아/ 탱자꽃/ 고지가 바로 저긴데

제 1 장
국민 애창곡 가고파

37　노산 선생의 조국애와 〈가고파〉 주변 이야기 | **김교한**
43　미항 마산과 가고파 | **이우걸**
46　가고파의 브랜드 가치 | **김복근**
52　그래도 애향의 노래는 불러야 한다 | **이달균**
56　노산의 문학과 진실 | **하순희**
60　한국의 명시, 불후의 가곡 가고파 | **서일옥**
63　가고파여! 가고파여! | **임성구**
66　노산 선생을 만나다 | **공영해**
71　가고파 꼬부랑길 | **옥영숙**

12

제 2 장
조국을 노래한 민족시인

77	노산의 충무공 사랑	**이근배**
80	대문호 노산 이은상 선생	**김시종**
84	만원의 가고파 사랑	**남재우**
87	노산 선생의 마산사랑	**오정방**
92	애향, 애국시와 노산	**이우걸**
97	노산시조문학상의 의미	**김연동**
101	연정을 곡진한 선율로 노래한 노산 이은상	**이처기**
105	노산의 양장시조를 다시 생각한다	**장성진**
112	노산 선생의 향기	**하순희**
115	노산 선생의 옥중 시조	**서일옥**
120	작품마다 조국애 영원하리	**이두애**

제 3 장
노산 선생의 삶과 사유

125	노산의 고훈語訓〈조국祖國으로 돌아오라〉	**윤재근**
134	노산 문학과 얼·말·글 정신	**이근배**
144	경남지역의 문인 등단 50주년 기록자들, 이은상	**강희근**

147	고향을 내세우지는 못할망정	**오하룡**
151	노산의 인간성에 머리 숙이며	**홍진기**
155	피어린 육백 리	**이처기**
160	노산鷺山은 친일인사가 아니라 반일운동가였다	**이달균**
164	시인과 산악인의 삶을 산 노산 이은상	**이용대**
172	노산 이은상과 모리스 엘조그	**백인섭**
177	겁도 없이 따라간 겨울 설악산, "난생처음 대청봉에 올랐죠"	**손수원**

제 4 장
청라언덕과 은상이 샘

183	청라언덕은 노산의 〈동무 생각〉 시 속에 있다	**조원기**
190	고유한 창원(마산)의 문화유산 '청라언덕'	**정목일**
194	대구 청라언덕사업의 허구성	**김복근**
203	〈은상이 샘, 진짜인가? 가짜인가?〉를 읽고	**김정희**
206	물맛 좋은 '은상이 샘'	**오정방**
209	은상이 샘은 가고파의 어머니	**조현술**
213	우리 시가詩歌의 고향 이은상 시인	**이경철**
218	좋은 선생님	**김진희**

제 5 장
역사적 진실과 고언

225	노산 선생의 백운산白雲山 은거지 답사	**김교한**
239	노산 선생의 은거지 백운산은 말한다	**김교한**
250	노산 선생 3·15의거폄하 논란 진의 분석	**오하룡**
264	노산 이은상 선생에 대한 우리 문인들의 입장	**오하룡**
270	노산문학관, 마산문학관 택일의 갈림길에서	**민병기**
274	가곡 〈그리워〉에 얽힌 일화	**김복근**
282	진리는 사랑의 눈으로 보아야 보인다	**명형대**
288	경남 출신 애국 국어학자 선양사업 하루빨리 서두르자	**임규홍**
291	'시의 도시'엔 노산문학제가 필요하다	**이달균**

295	편집후기
300	노산 이은상 약력
305	사화집 필자 약력

노산시조 12선

고향 생각

어제 온 고깃배가
고향으로 간다 하기
소식을 전차 하고
갯가으로 나갔더니
그 배는
멀리 떠가고
물만 출렁거리오

고개를 숙으리니
모래 씻는 물결이요
배 뜬 곳 바라보니
구름만 뭉기뭉기
때 묻은
소매를 보니
고향 더욱 그립소

—1923. 8. 15. 가덕도

옛동산에 올라

내 놀던 옛 동산에
오늘 와 다시 서니
산천 의구山川依舊란 말
옛 시인의 허사虛辭로고
예 섰던
그 큰 소나무
베어지고 없구려

지팡이 던져 짚고
산기슭 돌아나니
어느 해 풍우엔지
사태져 무너지고
그 흙에
새 솔이 나서
키를 재려 하는구려

—1928. 6. 11. 노비산

성불사成佛寺의 밤

성불사 깊은 밤에
그윽한 풍경 소리
주승主僧은 잠이 들고
객이 홀로 듣는구나
저 손아
마저 잠들어
혼자 울게 하여라

뎅그렁 울릴 제면
더 울릴까 맘 졸이고
끊인 젠 또 들리라
소리 나기 기다려져
새도록
풍경소리 데리고
잠 못들어 하노라

—1931. 8. 19. 정방산

사 랑

탈 대로 다 타시오
타다 말진 부디 마오
타고 다시 타서
재 될 법은 하거니와
타다가
남는 동강은
쓰올 곳이 없소이다

반 타고 꺼질진대
아예 타지 말으시오
차라리 아니 타고
생으로 있으시오
탈진대
재 그것조차
마저 탐이 옳소이다

—1931. 12. 그믐밤

가고파

내 고향 남쪽 바다
그 파란 물 눈에 보이네
꿈엔들 잊으리요
그 잔잔한 고향 바다
지금도
그 물새들 날으리
가고파라 가고파

어린 제 같이 놀던
그 동무들 그리워라
어디 간들 잊으리요
그 뛰놀던 고향 동무
오늘은
다 무얼하는고
보고파라 보고파

그 물새 그 동무들
고향에 다 있는데

나는 왜 어이다가
떠나 살게 되었는고
온갖 것
다 뿌리치고
돌아갈까 돌아가

가서 한 데 얼려
옛날같이 살고지라
내 마음 색동옷 입혀
웃고 웃고 지나고자
그날 그
눈물 없던 때를
찾아가자 찾아가

물 나면 모래판에서
가재 거이랑 달음질 하고
물 들면 뱃장에 누워
별 헤다 잠 들었지

세상 일
모르던 날이
그리워라 그리워

여기 물어 보고
저기 가 알아 보나
내 몫엣 즐거움은
아무 데도 없는 것을
두고 온
내 보금자리에
가 안기자 가 안겨

처녀들 어미 되고
동자들 아비 된 사이
인생의 가는 길이
나뉘어 이렇구나
잃어진
내 기쁨의 길이

아까와라 아까와

일하여 시름 없고
단잠 들어 죄 없은 몸이
그 바다 물소리를
밤낮에 듣는구나
벗들아
너희는 복된 자다
부러워라 부러워

옛 동무 노 젓는 배에
얻어 올라 치를 잡고
한 바다 물을 따라
나명들명 살까이나
맞잡고
그물 던지며
노래하자 노래해

거기 아침은 오고
거기 석양은 져도
찬 얼음 센 바람은
들지 못하는 그 나라로
돌아가
알몸으로 살까나
깨끗이도 깨끗이

—1932. 1. 5. 서울 행화촌

진달래 Ⅰ

수집어 수집어서
다 못 타는 연분홍이
부끄러워 부끄러워
바위 틈에 숨어 피다
그나마
남이 볼세라
고대 지고 말더라

—1932. 3. 6.

오륙도五六島

오륙도 다섯 섬이
다시 보면 여섯 섬이
흐리면 한두 섬이
맑으신 날 오륙도라
흐리락
맑으락 하니
몇 섬인 줄 몰라라

취하여 바라보면
열 섬이, 스무 섬이
안개나 자욱하면
아득한 빈 바다라
오늘은
비 속에 보니
더더구나 몰라라

—1934. 6. 7.

ㄹ자

평생을 배우고도
미처 다 못 배워
인제사 여기 와서
ㄹ(리을) 자를 배웁니다
ㄹ(리을) 자
받침 든 세 글자
자꾸 읽어 봅니다

제 '말' 지키려다
제 '글' 지키려다
제 '얼' 붙안고
차마 놓지 못하다가
끌려 와
ㄹ(리을)자 같이 꼬부리고 앉았소

—홍원 옥중에서(1943)

해바라기

나는 갈랫길에 선
한 송이 해바라기
아침이 오면
숙였던 고개를 들고
새 해를
바라보면서
지난밤 사연을 호소하리라

나는 밤을 보내는
한 송이 해바라기
눈물로 얼굴을 씻고
멀리 바라본다
태양이
나의 태양이
산 너머에서 돋아오네

—광양 옥중에서(1945)

너라고 불러 보는 조국아

너라고 불러 보는 조국아
너는 지금 어드메 있나
누더기 한 폭 걸치고
토막土幕 속에 누워 있나
네 소원
이룰 길 없어
네 거리를 헤매나

오늘 아침도 수없이
떠나가는 봇짐들
어디론지 살길을 찾아
헤매는 무리들이랑
그 속에
너도 섞여서
앞산 마루를 넘어 갔나

너라고 불러 보는 조국아
낙조보다도 더 쓸쓸한 조국아

긴긴 밤 가야고 소리마냥
가슴을 파고 드는 네 이름아
새 봄날
도리화같이
활짝 한 번 피어 주렴

                    —1951. 4. 18.

탱자꽃

여기는 바닷가
어느 마을 탱자 울타리
가다가 주춤 서서
부질없은 그이 생각
눈 감고
어루만져 보는
가슴 속의 탱자꽃

—1952. 10. 12.

고지가 바로 저긴데

고난의 운명을 지고
역사의 능선을 타고
이 밤도 허위적거리며
가야만 하는 겨레가 있다
고지가
바로 저긴데
예서 말 수는 없다

넘어지고 깨어지고라도
한 조각 심장만 남거들랑
부둥켜 안고
가야만 하는 겨레가 있다
새는 날
피 속에 웃는 모습
다시 한 번 보고 싶다

—1954. 12. 그믐밤

제 1 장

국민 애창곡 가고파

제 1 장

노산 선생의 조국애와 〈가고파〉 주변 이야기

김교한

국토 순례와 필연의 시조

2002년 7월 합포문화동인회(이사장 조민규)의 초청 강연회에서 조순 전 부총리는 '배움의 자세는 내가 얼마나 모르느냐에서 시작하라'고 하였다. 이 강연회는 매달 마산에서 시행해 온 지가 오래되었다. 이 강연 요지를 경구처럼 담아 놓은 비망수첩에서 아직도 지우지 못하고 있다. 이 글을 쓰기에 앞서 왜 이 비망수첩을 열어 보아야 하는가 모를 일이다.

　마산 출신의 노산 이은상(1903~1982) 선생은 일찍부터 명산 대천과 유서 깊은 고찰 명소 등 국토순례를 통해 겨레의 영혼을 찾고 조국애를 온몸으로 새기며, 초지일관 우리말, 우리글을 지키고 가꾸는 일이며 국문학 연구를 통한 민족 문화의 발굴 선양에 공헌해 온 명망 높은 문필가요 시조시인이며 항일 애국지사였다. 민족의 빛이신 안중근 의사와 이충무공 등 여러 애국 선열의 얼을 선양하는 사업에도 예사롭지 않은 자취를 남겨 놓았다.

　노산 선생은 사화집, 수필집, 기행문집, 역사서, 시가집, 시조집 등 간행한 서적이 무려 46권에 이르며 발표된 시조 작품만 해도 2천 수에 이르고 있다. 이와 같은 폭넓은 문필과 문학의 영역 중에서도 노산 선생의 대표 장르는 시조에 있음을 확인하게 되었다.

　노산 선생은 시조집 《푸른 하늘의 뜻은》(1970. 금강출판사) 서문 중에서 말했다.

　　　내가 시조 창작의 길로 들어선 것이 얼마나 되는 것인지는 모르나 거기에 내 문학적 생명을 걸고 있는 것만은 사실이다. 그러므로 나는 시조와 함께 사는 사람이다. 오늘도 나는 내 일기장에 시조 한 장 읊어 넣을 것을 잊지 않는다.

　김동리 선생은 《시조문학》(1982. 겨울호) 고故 이은상 선생 추모 특집에서 '20이라는 젊은 나이와 그 뛰어난 문재에도 불구하고 자유시나 소설을 젖혀두고 시조를 택하시게 된 일 결코 범연한 일이 아니었습니다. 선생은 이 나라 이 겨레의 마음과 영혼을 기리고 읊으실 사명을 타고 세상에 오셨던 것입니다.'라고 말했다.

노산 선생의 처녀 작품으로 평정된 시조는 1923년에 발표한 〈고향 생각〉(2수)이다. 이 사실은 《노산시조선》(1976. 삼중당) 머리말에서 증언하고 있다. 그런데 이보다 일 년 앞서 시조를 짓기 시작한 때의 작품이 두 편 있다. 첫 번째 것은 1922년 3월에 지은 〈아버님을 여의고〉이며 두 번째 것은 같은 해 6월에 지은 〈꿈 깬 뒤〉이나 널리 알려진 작품은 아니다.

노산 선생의 대표 작품으로 〈봄처녀〉 〈옛 동산에 올라〉 〈성불사의 밤〉 〈사랑〉 〈그리움〉 〈가고파〉 등 가곡으로 널리 알려진 작품도 있고 〈고향 생각〉 〈낙화암〉 〈가서 내 살고 싶은 곳〉 〈해바라기〉 〈너라고 불러보는 조국아〉 〈탱자꽃〉 〈고지가 바로 저긴데〉 〈돌아오지 않는 다리〉 등도 대표 작품으로 올라 있다.

한 시대 고난을 딛고 탄생한 〈가고파〉

앞에 제시한 작품 중에서도 간판 작품은 〈가고파〉를 꼽을 것이다. 〈가고파〉는 어떤 경우에도 우리 마음이 향하는 빛이요 그리움의 창이 되어 주고 있다. 〈가고파〉는 노산 선생이 등단한 지 10년 만인 1932년에 서울에서 창작한 10수로 된 시조인데 1933년에 김동진 선생이 앞 4수만 먼저 작곡하고 후편 6수는 뒷날로 미루었다. 평양의 숭실전문학교 문과 2학년 때였다.

〈가고파〉 후편 작곡은 40년 뒤인 1973년에 완성하고 그해 12월 10일 숙명여자대학교 강당에서 숭의여고 합창단과 테너 김화용 선생의 독창으로 박명섭 교사의 지휘에 의하여 〈가고파〉 전후편의 발표가 있었다. 그리고 고향 마산에서도 1974년에 〈가고파〉 노래의 전후편 공연이 있었다. 마산여고 합창단과 같이 엄정행 선생의 독창으로 김동진 선생의 지휘에 따라 경남대학교 완월강당에서 뜻 깊은 공연을 시행했다. 이 공연은 그 당시 경남대학교 윤태림 총장의 초청에 의하여 이루어진 사실을 잊지 못한다. 어떤 경우에도 한 시대의 고난을 딛고 탄생한 〈가고파〉의 심오한 자산은 아무도 부정하지 못한다. 〈가고파〉는 실향 극복의 의지와 잃어버린 조국에 대한 절절한 겨레의 외침으로 살아 있다.

노산 선생의 첫 시조집은 《노산시조집》(1932. 한성도서)인데 가람 선생과 함께 현대시조의 여명기를 개척해 온 선구자적 성채를 이루어 놓았다. 노산 선생의 마지막 작품집은 시조 형식의 시집 《기원》(1982. 경희대학교출판국)이다. 이 《기원》은 155마일의 남북 분계선을 횡단 답사한 실황이다. 회고와 애절한 소원의 문학이며, 자유와 평화와 사랑을 갈구하는 마지막 통일 염원의 찬란한 고통의 문학이다. 이 《기원》은 노산 선생의 총 저서(46권) 중의 마지막 작품집이다. 그해 봄에 이 《기원》을 간행하여 필자에게 두 권을 보내 주시고 가을에 영원히 떠나셨다.

피천득 시인은 하와이에 갔을 때 이민 온 지 오래된 통영 사람의 고향 사랑에 젖은 상황을 보고 노산의 〈가고파〉 '꿈엔들 잊으리요 그 잔잔한 고향 바다'가 생각났다고 그의 수필집에 올렸다.

통일 염원의 노래가 된 〈가고파〉

노산 선생에 대한 응분의 기념사업이 이루어져야 한다. 그러나 선생에 대한 국비로 된 기념사업이라고는 보이지 않는다. 한때 노산문학관 건립을 추진한 때가 있었다. 시 당국이 문학관 설계도까지 완성해놓고도 아슬아슬하게 무산된 일이 있었다. 하나의 비극이었다. 그러나 노산문학관 건립의 희망까지 유실된 것은 아니다. 경남시조 문단을 중심으로 바라던 숙원 사업이 하나 더 있다. 그것은 노산시조문학상의 제정이다.

'이기는 것이 전부는 아니지만 이기기를 원하는 것은 중요하다'라는 포스코 화장실의 경구는 널리 알려져 있다. 노산문학관의 건립과 노산시조문학상의 제정 시행 등이 전부는 아니지만 그런 희망을 가지는 것은 중요하다고 본다. 인내하며 기다리는 것이다.

노산 선생의 생애가 잘못 알려지지 않도록 중의를 모아 대응하는 기회를 놓치지 않는 것도 중요하다. 경우에 따라 막연한 침묵이 능사가 아니라는 것을 노산문학관 건립의 좌절에서 똑똑히 보아왔다. 일제하에서 두 번째의 옥중 생활 중 해방을 맞은 노산 선생은 항일 투쟁을 전개한 조선어학회 33열전의 한 분이지만 많은 시련을 겪었다.

노산 선생에 대하여 사실대로 표해야 할 진실은 아직도 많이 묻히어 있다. 《조광朝光》(조광사 발행 종합잡지)에 대해서도 마찬가지다. 1935년 11월호부터 1944년 12월호까지 110권 55책의 《조광》을 한차례 살펴본 적이 있었다. 노산 선생은 《조광》의 초창기 주간으로 있다가 시대가 촉박하여 1938년 8월호에 〈묘향산 향로봉〉(기행문)을 마지막으로 발표하고 주간직을 조선일보와 함께 사퇴하고 부산을 경유하여 백운산 은거지로 향하게 된다.

노산 선생이 주간으로 있던 기간의 《조광》에 수록된 내용은 건전했다. 친일색은 전혀 보이지 않았다. 1936년 독일 백림올림픽에서 우리 손기정 선수의 우승 기사도 일장기를 가리운 사진을 게시함과 동시에 조선 남아의 의기를 높이 찬양한 글로 되어 있었다. 노산 선생이 사퇴한 뒤의 《조광》의 변질은 선생과는 아무런 관계가 없다. 이것은 한 번은 밝히고 싶었던 한 부분이다.

〈가고파〉를 무대에 올리는 자세가 중요하다. 어느새 〈가고파〉는 실향민의 설움과 통일 염원의 노래가 된 지도 오래되었다.

―《한국문학인》 36호(2016. 가을)

제 1 장

미항 마산과 가고파

이우걸

2013년 마산역사 입구에 남마산로터리클럽과 마산역이 힘을 모아 〈가고파〉 시비를 세웠다. 한때 시비 존폐 문제로 일부 단체와 갈등이 있었다. 필자는 향토의 관문을 지키는 예술품으로서 그 시비의 존치에 적극 찬성하며 그 이유로 다음 6가지를 제시하고자 한다.

첫째 〈가고파〉는 작가의 생애보다 작품에 포인트를 맞춰야 한다는 점이다. 마산의 관문인 마산역에 〈가고파〉 시비를 세운 뜻은 정감 있고 아름다운 마산의 모습을 보여주기 위해서이지 노산의 생애를 널리 알리기 위해서가 아니다. 전 국민이 알고 함께 부를 수 있고, 미항 마산의 모습을 잘 알릴 수 있는 시로 〈가고파〉만 한 작품이 없다는 것은 누구나 인정하고 있다.

둘째 노산은 친일하지 않았다는 점이다. 한때 '친일 혐의' 운운하면서 워낙 많이 언론에 오르내려서 지금도 노산을 친일인사로 알고 있는 사람이 적지 않다. 그러나 2009년 11월 8일 민족문제연구소가 발간한 《친일인명사전》에 이은상은 올라 있지 않다. 1903년에 태어나서 1982년에 타계한 노산의 일생을 살펴볼 때 일제 통치 36년이 그대로 그의 생애를 관통해 갔음에도 불구하고 친일인사는커녕 오히려 일본에 항거하다 옥고를 치른 애국투사였다.

셋째 노산은 권력에 연연한 인사가 아니었다는 사실이다. 노산의 중요 프로필을 보면 대학교수, 언론사 간부, 문화단체 회장을 지낸 것이 대부분이다. 한국시조시인협회장, 한국산악회 회장, 독립운동사 편찬위원회 위원장, 예술원 회원, 이충무공기념사업회 회장 등 정치권력과는 먼 거리에 있는 단체에서 봉사했다.

넷째 특히 이승만, 박정희 정권을 대체로 옹호하는 입장에 섰지만, 그의 일관된 진심은 민족사랑, 조국사랑이 바탕이었다. 앞서 얘기한 바와 같이 노산은 일제하에서 대부분의 생애를 보냈다. 한일합방 때 여섯 살이었고, 광양유치장에서 해방을 맞을 때가 마흔한 살이었다. 조국을 잃고 젊은 날을 보낸 그에게 우리 민족이 세운 나라에 대한 애정은 각별했을 것이다. 그래서 그의 산문, 그의 시조 편편마다 그런 사랑의 마음을 펼치며 문필생활을 영위했다.

다섯째 3 · 15에 대한 노산의 견해를 지나치게 비판하는 것은 바르지 않다. 마산 일부 시민단체가 노산을 비판하는 가장 큰 이유는 3·15에 대한 노산의 태도에 대한 불만이다. 그 불만의 근거가 되는 기록은 1960년 4월 15일자 조선일보에 보도된 〈마산 사건의 수습책〉이란 제목의 기사다. 여기에는 6개 항목의 설문에 대한 국가원로들의 답변이 실려 있다. 이은상은 다른 원로들과 다른 태도에서 답변을 내놓고 있다. 다른 태도란 가장 적극적인 답변을 했다는 점에서이다. 가령 어떤 원로는 답변을 회피했고, 어떤 원로는 극히 단순하게 답했다. 고향을 생각하는 노산은 사실상 정부의 총사퇴를 주장하면서도 고향 마산 사람들에게 피해가 최소화되는 해결책을 제시했다.

마지막으로 노산은 조국과 고향 사랑의 마음을 가장 절실하게 시조의 가락에 담아낸 시인이라는 점이다. 〈가고파〉, 〈가윗날에〉, 〈옛 동산에 올라〉가 고향사랑의 노래라면 〈길이 끝났네〉, 〈고지가 바로 저긴데〉, 〈기원〉 등은 조국사랑의 노래다. 수많은 강연과 산문 집필을 통해 청년들에게 국가관을 심어줬고 스스로 국토의 구석구석을 밟으며 노래로써 의미를 새겨 놓았다.

그러나 노산인들 한 인간으로서 어찌 결함이 없었겠는가. 우리가 지금 〈가고파〉 시비를 지키려 함은 완전한 노산의 생애를 기념하고자 하는 것이 아니라 우리 모두 고향을 사랑하고 각박한 현대의 삶을 살아가면서도 때로는 시정詩情에 젖어가며 오늘의 고달픔을 이겨나가자는 데 있다. 이런 소중한 의미라면 돌에도 마음에도 새겨 간직함이 옳지 않을까 한다.

제 1 장

가고파의 브랜드 가치

김복근

내 고향 남쪽 바다, 그 파란 물 눈에 보이네. 꿈엔들 잊으리요, 그 잔잔한 고향 바다. 지금도 그 물새들 날으리, 가고파라, 가고파…

가고파는 노산鷺山 이은상李殷相의 시조에 김동진金東振이 곡을 붙인 가곡이다. 고향을 애타게 그리워하는 심정을 낭만적인 상념에 기대어 그려내고 있는 이 노래로 말미암아 마산은 시심이 흐르는 도시, 문학과 낭만, 서정의 도시로 이미지화되어 있다.

성악가는 말할 것 없고, 한국인의 애창 가곡이 되어 있으며, 고국을 그리는 해외 동포들은 수시로 이 노래를 부르고 있다. 최근의 한 조사에 의하면, 우리 가곡의 으뜸으로 뽑히기까지 하였다. 시의 제목이 백과사전에 올라가고, 고유명사화되어 해설되는 예는 그렇게 많지 않다. 가고파국화축제나 가고파경륜축제, 가고파문학축제 등 시민축제의 행사명으로도 사용되고 있으며, 신문의 칼럼 제호에서부터 거리의 간판에 이르기까지 가고파를 사용하는 예는 너무 쉽게 볼 수 있다. 온라인에서는 더욱 많이 애용되고 있다. 야후에는 300여 개의 검색사이트가 있고, 구글 검색을 하면 약 180,000여 개의 결과를 볼 수 있다. 마산을 방문하는 사람들의 상당수가 가고파에 대한 향수를 갖고 있다. 가고파는 마산의 상징이며 대명사가 되어 있다. 산호공원과 무학산 자락, 돝섬에 가고파 시비가 세워짐은 그에 대한 시민들의 따뜻한 사랑과 애정에 연유하고 있음이다.

  마산과 창원, 진해가 통합되면 마창진이나 산해원시로 할 것이 아니라 가고파시로 명명하자는 의견이 나올 정도다. 이쯤 되면 가고파의 브랜드 가치는 경제적 부가 가치로 환산하기 어려울 정도로 높다는 사실을 알 수 있다. 그런데 정작 이 시조를 창작한 노산 이은상 시인에 대한 예우는 어떠한가에 대해 살펴볼 필요가 있다.

  노산은 1903년 마산에서 태어나 1982년 서울에서 타계하기까지 60여 년간의 창작활동을 통하여 방대한 작품을 남겼다. 《노산시조집》(1932)과 《푸른 하늘의 뜻은》(1970), 《기원》(1982) 등의 시조집과 수필, 기행문집, 평전, 평론, 국학연구 관련서 등 무려 46권의 저서를 남기고 있다.

이러한 시인을 가리켜 백철은 '동양적인 무상의 시인'이라 하였고, 피천득은 '애수의 시인'이라고 하였으며, 양주동은 '늘실 바다'라 평한 바 있다. 이 밖에도 많은 평자들이 애국시인과 민족시인, 종교시인 등 다양하게 일컫고 있다. 이것은 그의 시 세계가 그만큼 다양하다는 것에 다름없다. 그는 뚜렷한 아이덴티티를 갖고 있는 위대한 시인이었고, 현대시사에 뚜렷한 족적을 남긴 시인이었다.

이러한 시인의 업적을 기리기 위해 1999년 새 시대를 알리는 밀레니엄 사업으로 마산시에서는 노산문학관 건립 계획을 세우게 된다. 문광부에서도 계획의 타당성을 인정하고 10억 원의 예산을 배정하였다. 그러나 친일을 하였다는 일부의 의견에 의해 마산시의회와 마산MBC에서 공청회까지 하게 된다. 논란 끝에 예산은 반려되고, 문학관 건립은 무산되는 듯하였다. 이후 뜻있는 분들에 의해 논란의 핵심 사안으로 제기되었던 친일문제는 백운산 은거지 답사와 최상철 교수의 증언, 만선일보 영인본 확인 등 각종 연구 결과에 의해 해명된 바 있다.

특히 북한의 우연오 교수가 발표한 〈반일·애국·광복 리념을 노래한 계몽기 서정가요〉라는 논문에 의하면 노산 선생의 〈사우〉와 〈그리움〉, 〈성불사의 밤〉, 〈옛 동산에 올라〉 등은 조국에 대한 뜨거운 사랑의 감정이 기본이라는 것이다. 나라 잃은 민족의 비참한 현실생활과 빼앗긴 조국에 대한 절절한 그리움을 직접적으로 표현하지 못하고 은유적인 수법이나 옛 고적 또는 역사적인 주제를 간접적으로 표현하고 있는 것을 계몽기 서정가요들의 일반적인 특징으로 보고, 일제의 검열에서 벗어나기 위하여 은유적인 수법을 최대한 동원하여 그들의 감시를 피하려 하였다는 것이다. 그 이후 '이은상의 옥중 시조 연구' 등이 잇달아 발표되었다.

그의 문학적 역량과 민족애를 재검증하게 된 연구와 여론의 추이에 따라 국회에서는 6억 원의 국비를 재지원하게 된다. 마산시에서는 2002년 9월 문학관건립추진위원회를 구성하고, 문학관 명칭을 비롯하여 설계도까지 위임하여 모든 레이아웃을 완성하게 되었다.

그러나 기공식을 하려는 순간, 친권력을 하였다는 새로운 주장이 대두하게 된다. 이런 와중에 2003년 5월 조두남기념관 개관식장에서 시장은 밀가루 세례를 받는 파란을 겪게 되었다. 밀가루의 위력 때문인지 시는 2003년 11월 지역쟁점사항 해결을 위한 시민위원회를 구성하여 마산문학관으로 명칭을 변경하게 된다. 그 이후 2005년 1월 문학관운영조례안이 시의회에 상정되고 상임위에서 부결되었다가 동년 5월 재상정되어 14:13이라는 근소한 차로 가결되고, 10월 28일 지역 문인의 절대 다수가 참여하지 않은 채 개관식을 치르게 된다.

모든 일에 상반되는 의견은 있을 수 있다. 그렇다고 그 의견에 대한 타당성과 합리성을 살피거나 조정을 시도하지도 않은 채 물리적 논리에 따라 당초 사업을 변경, 처리해버린 당국의 무소신 행정은 더 큰 문제를 야기하고 있다.

문인이 이용하지 않는 문학관을 시민들이 제대로 찾아가겠는가.

문학관을 건립하면서 지역 문인을 외면해버린 마산의 문화행정은 무엇을 하자는 것인지 알 수 없다. 문화예술의 이미지에 걸맞지 않은 문학관 개관으로 인하여 마산의 이미지는 오히려 엄청난 손실을 가져오고 있음을 시민들이 알아야 한다.

준혁신 도시 선정과 마창대교 건설, 마산항 개발 등 6대 비전 사업으로 드림 베이 마산을 건설할 것이라 홍보하고 있지만, 문화예술이 전제되지 않고는 그 경쟁력을 살리기 어렵다는 사실을 직시해야 한다.

문화예술에 대한 마인드가 있는 지역에서는 자기 고장의 브랜드 가치를 높이기 위해 심혈을 기울이고 있다. 전북 익산에서는 가람 이병기 시인의 추모문학제를 성대하게 치르고 있으며, 경북 청도에서는 이호우·이영도문학상을 제정하여 시상하면서 문화적 이미지를 제고하고 있다. 구상문학관, 김유정문학촌, 미당시문학관, 이주홍문학관, 채만식문학관, 청마문학관, 최근에 문을 연 김달진 문학관까지 그 예는 얼마든지 들 수 있다.

광주의 경우에도, 5·18의 이념적 상징화와 미술 비엔날레의 문화 이미지로 부가가치를 더하고 있음을 본다. 문학과 낭만의 도시 가고파의 서정과 자유와 민주, 정의로 표상되는 3·15의 이념이 한데 어울리는 도시, 마산의 새로운 이미지 창출이 요구된다.

마산이 문향이라는 사실에 대해서는 반론의 여지가 없다. 문신미술관과 함께, 조두남음악관과 노산문학관이 개관되었다면, 돝섬의 가고파국화축제와 어우러져 멋진 문화 관광 벨트를 조성할 수 있었는데, 참으로 좋은 기회를 놓치고 있다. 오히려 반목과 갈등을 조장하여 서로를 힘들게 하고 있다.

  흔히 새 밀레니엄 시대는 문화의 세기가 될 것이라고 한다. 마산의 명예와 시민의 자긍심을 살리기 위해서는 지금이라도 문향 마산에 걸맞는 가고파의 브랜드 가치와 도시 이미지를 제고해야 한다. 문협 회장으로서 문화예술 행정의 오류를 바로잡지 못한 자괴의 마음으로 저간의 사정을 간략히 밝혀둔다.

―《마산문학》 29집(2005)

제 1 장

그래도 애향의 노래는 불러야 한다

이달균

    2008년 올해는 20세기 중반을 이끈 가장 위대한 지휘자 카라얀 탄생 100주년을 맞는 해다. 그는 나중에 세계 음악계의 거장이 되었지만 실은 연방재판소로부터 재판을 받은 나치당원이었다. 카라얀의 경우를 보면 한 인간을 둘러싼 사회의 균형과 성숙도의 중요성을 잘 알 수 있다. 만약 그의 장점을 간과하고 나치당원이란 흠결만을 부각시켜 폐기처분하였다면 인류는 위대한 지휘자 한 사람을 잃었을 것이다. 10년 전부터 이 지역에서 일고 있는 이은상, 이원수, 조두남, 유치환, 조연현, 장지연 등등의 폄훼 현상을 보면서 카라얀에게 기회를 준 사회가 절로 떠올려진다.

　나는 어느 지면에 3·15의거기념사업회와 관련한 칼럼을 실었고, 그에 대한 매우 흥분된 목소리의 반박문을 눈여겨 읽었다. 하지만 나는 사실을 왜곡하지 않았고 냉정한 관점으로 글을 썼다. 불멸의 3·15정신과 민주영령들의 애국혼을 먼저 생각했다. 3·15의 시절을 살지 않았지만 마산에 살면서 이 정신은 마산의 긍지임을 자랑했고 깊이 존중해 왔다.

　1983년엔 '삼일오 시동인'을 결성하여 《비 내리고 바람 불더니》라는 동인 사화집을 펴내었고, 창신대학 문예창작과에서 시극〈3·15, 그 못다 부른 노래〉를 전교생과 시민을 대상으로 공연하기도 했다. 그러므로 3·15아트센터의 개관공연에 대해 기자회견으로 유감을 표명한 사업회에 대해 가급적 장점은 장점대로 오점은 오점대로 밝혀서 오늘과 후대에 전하면 좋겠다는 바람을 피력한 것이다.

　3·15의거기념사업회에서는 일제에 항거한 공과 친독재적 과를 말하면서 개관식날 〈코리아 판타지〉와 〈가고파〉를 올린 건 유감이라 표명했다. 그러나 〈가고파〉가 어찌 마산 시민이 부르지 말아야 하는 노래가 되었는가? 마산 시민들의 여망으로 탄생한 3·15아트센터 개관 날 마산의 노래인 〈가고파〉를 부르는 것은 지극히 당연한 일이 아닌가.

　그리고 3·15의거기념사업회의 역점사업이었던 국립3·15민주묘지에 세운 김용호, 김춘수 시비를 거론하지 않을 수 없었다. 김춘수는 1980년 5월 광주를 짓밟고 집권한 가장 폭압적인 정권인 전두환 정권에 창당발기인으로 참여하였고, 전국구 국회의원이 되어 권력의 중심에 섰다. 그것도 1979년 또 하나의 3·15로 기억되는 10·18마산항쟁의 함성이 채 가라앉기도 전이었다. 필자도 친구들과 그 뜨거운 현장을 지켰기에 감히 말하는 것이다.

그리고 김용호는 1943년《동양지광》에 모국어를 버리고 일본어로 두 차례에 걸쳐 글을 실었다. 3·15아트센터의 개관 공연에 쓴소리를 한 사업회라면 굳이 순국선열이 잠들어 있는 국립묘지에 그들의 시비를 세우는 것이 합당한 것인가.

이런 의문에도 불구하고 필자는 비록 그런 흠결이 있다 하더라도 글을 쓰는 후학의 한 사람으로서 기릴 만한 공이 있다고 생각하여 말하지 않았던 것이다. 우리는 노산의 시와 안익태의 음악을 배웠고 김용호, 김춘수의 시를 읽으며 자랐다. 그들은 모두 상처 많은 우리 현대사를 살아오면서 공과 과를 나눠지고 있다. 그런데 유독 노산에게만 창을 겨누는 것은 누가 봐도 납득되지 않는다.

열사들의 기념사업을 해오고 있는 단체로서 혹시 필자의 글로 인해 상처받은 부분이 있다면 널리 이해를 바란다. 3·15는 3·15의거기념사업회만의 것이 아니라 마산, 아니 대한민국의 소중한 유산이다. 그러므로 누구나 문제점을 지적할 수 있다. 다만 사업회는 지적에 귀 기울이고 비판을 수용하고 승화시켜서 더 나은 미래로 향해 갈 과제를 안고 있다.

필력이 부족한 칼럼을 읽고 많은 사람들이 공감을 표시해 주었다. 그토록 바라던 해방을 광양경찰서에서 맞이한 노산을 향해 10년 가까이 친일혐의가 있다고 몰아세운 고향이 야속했기 때문이다. 가뜩이나 시민정서가 분열되고 팍팍해져 가는 요즘 애향의 노래마저 부르지 못해서야 되겠는가. 감정에 얽매이기보다 냉정하게 비판할 부분은 비판하고 인정할 것은 인정하는 성숙한 사회가 되기를 염원해 본다.

—2008. 6.

제 1 장

노산의 문학과 진실

하순희

　유월이다. 붉은 장미에도 선혈이 낭자한 아픔이 느껴진다. 호국보훈의 달을 맞아 목숨을 다해 나라를 지켜낸 순국선열들께 진심으로 애도드린다.
　노산 이은상 선생은 일제강점기, 6·25를 거쳐 나라 없는 설움과 민족의 아픔을 직접 살아낸 인물이다. 문학사에서도 빼어난 52권의 방대한 저서를 남겼다. 시조 〈가고파〉는 가곡으로 작곡되어 전 국민의 애창곡이 되었고 수필 〈무상〉은 당대 대학생들의 필독서였다. 세월이 흘러 노산의 주옥같은 작품을 읽고 싶어도 찾기가 어려워짐을 안타깝게 생각한 우리는 그의 탄생 110주년과 사후 31주기를 맞아《노산 시조선》을 모태로 각종 지지紙誌에 흩어져 있는 작품 185편을 발췌하여 선집을 발간했다.

시조선집《가고파》출판기념회는 많은 업적을 남겼음에도 근거 없는 혐의로 사후까지 고난의 시간을 보낸 고인의 문학정신을 되새기는 자리였다.

참석한 모든 사람들은 숙연한 마음으로 노산 선생의 삶과 애국정신, 조국 강산의 방방곡곡을 일제의 고문에 의한 후유증으로 아픈 몸을 이끌고 직접 답사 후 작품을 쓴 일, 단 한 번도 정계나 관계에 나간 일 없이 오로지 문인으로서 이순신, 안중근 숭모사업 등 애국심을 기른 일, 선친인 이승규 선생은 창신학교와 교회를 설립한 개화기 마산의 선각자로서 훌륭한 일을 많이 하여 마산시에서 사회장으로 장례를 치렀으며 노산 선생 역시 전 국민의 애도 속에 사회장을 치른 후 국립묘지 국가유공자 제1묘역에 안장됐다는 것도 알게 되었다.

노산은 조선어학회 사건으로 일제에 검거되어 홍원경찰서, 함흥교도소에서 감옥살이를 하며 모진 고문을 겪은 후, 또다시 광양경찰서에 구금되었다가 옥중에서 해방을 맞으셨다는 사실이 명백하게 밝혀졌다. 친일한 일이 없는 애국지사를 친일로 몰아대다가, 다시 3·15의거를 폄하했다고 비난을 하더니 마치 그것이 사실인 줄로 착각하는 것 같아 안타깝다. 문장은 보는 각도에서 다르게 해석될 수도 있지만, 당시의 조선일보에 대한 기사는 오독됐음이 밝혀졌다.

'가고파'의 브랜드가 전국에 알려져 있음은 어느 누구도 부인하지 못할 사실이다. 미국에 있는 분이 언론을 통해 보았다며 책을 보내달라고 우송비를 보내와 《가고파》 시조선집을 보냈더니 그 이역만리에서 선생의 가곡을 부르고 노산 시조 낭송회를 하며, 나라 생각에 젖어 향수를 달래며 차회를 가졌다는 감명 깊은 이야기를 전해 왔다.

노산 선생이 어느 누구보다 마산을 사랑하고 걱정했듯이 윤재근 한양대 명예교수 역시 마산의 명예시민이고자 할 정도로 마산에 대한 애정이 각별하다. 윤재근 교수는 민주성지 마산시민의 정신을 결코 잘못 말한 것이 아니다. 외려 그는 "3·15의거는 마산을 자랑스럽게 한 북소리이며, 노산의 가고파는 마산을 그립고 사랑스럽게 한 종소리"라고 하였다.

그의 말은 단지 통영을 비롯하여 전국의 지자체가 자기 고장의 특색을 살려 다른 고장 사람들이 찾아오는 곳, 새벽부터 사람이 북적대고 시장에 손님이 넘치는 곳, 이야기를 통해 자기 고장을 알리려고 노력하는데, 그렇게 하지 못하는 마산을 안타까워한 말이다. 국립3·15민주묘지, 노산, 문신, 월영대, 돝섬, 어시장 등을 재생하여 관광 벨트화하고, 활성화하는 관광 마인드를 가져야 한다고 역설했다. 자리를 함께한 모든 이들이 공통적으로 인식하고 있는 사실이다.

《가고파》 시조선집은 노산의 작품을 가려 뽑아 제작한 것이지 미화하기 위해 만든 책이 아니다. 바른 역사의식이 무엇인지 진정으로 생각해볼 때다. 모든 것을 품어 큰 산이 되듯이 관용하고 포용하며, 내 아이의 고향 마산이 더 크게 발전하고, 따뜻하고 화목한 고장이 되도록 해야 할 때다.

시대에 편승해 노산을 복원하려는 것이 아니라 그동안 진실을 바르게 알려고 하지도 않고, 너무나 홀대해 온 노산 선생을 우리는 이제 바르게 알고 존경하며 사랑해야 할 때라는 사실을 분명히 알아야 한다.

제 1 장

한국의 명시, 불후의 가곡 가고파

서일옥

〈가고파〉는 한국의 대표적인 가곡이다. 향토 마산을 노래한 한국의 명시요, 우리 대한민국 국민 모두의 가슴속에 퍼렇게 살아 숨 쉬는 온 국민의 애창곡인 것이다. 세계 어디서든지 동포들의 모임이 끝날 때쯤이면 고국을 그리워하는 마음으로 눈시울을 붉히며 목메어 부르는 어머니의 젖줄 같은 따스한 노래인 것이다. 우리 가곡은 안으로 녹아들고 그 여음에서 우러나는 특유한 정서가 깃들어 있기에 그러하리라.

노산 이은상 선생은 고향의 산인 노비산 이름을 따서 자신의 호를 '노산'으로 지을 만큼 고향 사랑이 남달랐으며 또 선생께서는 전통시조를 계승하여 많은 시조를 창작하였고 기행문 등을 통해 조선의 자연을 노래하고 우리말을 지키는 노력을 하셨다. 〈가고파〉는 1962년 노산 이은상 선생이 30세 때 쓴 작품으로 《노산시집》을 처음 발간할 때 실려 있던 작품이다.

1932년 1월 5일 서울 행화촌에서 완성한 〈가고파〉는 어릴 적 노비산과 산호공원을 오르내리며 보았던 마산 앞바다를 그리워하며 고향에 가고 싶고, 고향 친구들이 보고 싶고, 고향을 떠나 있는 자신이 안타깝고, 동심의 세계로 되돌아가고 싶은 마음들을 시조 10연에 담았다.

일본 와세다 대학에 다닐 때 이은상, 양주동, 이선근 세 분이 한집 한방에서 하숙생활을 했었기에 각별한 사이였다 한다. 노산 선생이 1935년 33세 때 동아일보 편집국 고문 겸 출판국 주간으로 있을 때 양주동 박사는 평양숭실전문 영문학 겸 고양과 교수로 재직하고 있었다. 동아일보사 주최로 백두산 등산 탐험행사가 있다는 이야기를 양주동 박사에게 알렸더니 오다가 평양숭실전문대학에 들러 교양특강을 좀 해 달라고 요청했고 노산 선생 방문 하루 전날 양주동 박사는 우리글 강의 시간에 선생의 〈가고파〉를 1수부터 4수까지 칠판에 써 놓고 학생들에게 가르쳤다. 노산을 천재 시인이라 추켜세우며 내일 특강에 학생들은 빠짐없이 청강하라고 했다. 운명적인 인연이었을까? 이 대학 음악학과 1학년에 다니던 김동진 학생이 〈가고파〉 가사를 적어 집에 가지고 가서 작곡하여 평양교회 학생들에게 교양음악으로 가르쳤고 이 노래를 배운 학생들이 애창하게 되어 평양을 거쳐 전국으로 퍼져나갔다. 그렇게 탄생된 〈가고파〉는 해방 이후 학생은 물론 일반 국민들까지 많이 부르게 되어 국민 가곡으로 뿌리내리게 되었다.(김해성 시인의 가고파에 얽힌 사연 참조)

그로부터 1970년 이은상 시인의 고희와 작곡가 김동진 교수의 회갑기념으로 〈가고파〉 5수부터 10수까지를 다시 작곡하여 1973년 12월 10일, 숙명여대 강당에서 숭의여고 합창단에 의해 가고파 전편이 모두 발표되었다.

노래는 여러 사람의 마음을 하나로 결집하는 힘을 가지고 있다. 애국가를 부를 때는 온 국민의 마음이 우리나라 대한민국이라는 생각을 단전 아래로 모이게 한다. 그래서 의식행사에는 의식가가 있고 각 학교마다는 교가가 있는 것이다. 이렇듯 아름다운 시와 음악이 만나 민족의 노래, 국민의 가곡으로 자리매김할 수 있도록 초석을 놓은 서정시인이 그 인생 전체를 부정하는 무모한 비판을 받고 그 노래들 또한 고향을 못 찾아 떠돌고 있다. 각 지자체에서는 작은 인연 하나만으로도 스토리텔링하여 마케팅 전략을 짜고 있는 이 즈음에 우리 지역은 고품격 문화자산인 가고파를 어떻게 브랜드화해야 할지 다시 한 번 진지하게 고민해 보아야 할 것이다.

제 1 장

가고파여! 가고파여!

임성구

'내 고향 남쪽바다 그 파란 물 눈에 보이네/ 꿈엔들 잊으리오 그 잔잔한 고향 바다'로 시작되는 노산 이은상 선생의 〈가고파〉를 노래하던 마산은 지금 어떠한가? 이젠 파란 물도 아니고 잔잔하지도 않다고 외치는 부정적인 목소리로만 느껴진다. 그럼 마산은 지금, 가고파인가? 안 가고파인가?

현재 마산역에 세워진 〈가고파〉 시비로 인해 전국에서 가장 시끄러운 도시가 마산이 아닌가 싶다.

고향 마산이 그리워서 선생이 노래한 그 푸른 바다에 폐수 같은 먹물을 쏟아붓는 그런 형국이다. 마산의 이미지가 이래서야 되겠는가? 몇 해 전 마산, 창원, 진해시가 '통합 창원시'로 거듭났다. 그러나 몇몇 사람들의 그릇된 주장으로 인해 문학의 순수함이 죽어가고 있다. 시민을 혼동 속으로 빠뜨리며 피곤하게 만들고 있다. 마산의 관광문화콘텐츠가 될 〈가고파〉는 밀어내고 '3·15의거'에 대한 항거정신만 부각시키려는 사람들이 있으니 한심하기 그지없다. 그 이유가 노산 이은상 선생이 3·15의거를 폄하했다는 주장에 있다. 3·15 자체를 부정하는 것 같은 부분만 드러내어 3·15의거를 부정한 발언을 한 것으로 규정지어 버린 것이다. 그래서 마산역에 세워진 〈가고파〉 시비를 훼손하는 일까지 벌어졌다. 이것은 분명 잘못된 이해에서 온 것이다.

필자가 학창시절 친구들과 돝섬에 소풍 갔다 재미있게 놀던 때가 생각난다. 그 시절 정말 바닷물이 푸르고 맑았다. 우리 일행은 갯바위에 붙은 홍합을 따고 굴을 채취해서 먹던 기억이 생생하다. 필자가 기억한 바닷물보다 더없이 푸르고 깨끗함이 선생의 마음을 사로잡았기 때문에 이런 명작이 탄생하지 않았나 싶다. 선생이 이 작품을 쓸 당시에는 어린 시절 맑고 깨끗한 고향바다를 회상하며 미치도록 보고 싶고, 가고 싶은, 마음이 더욱 간절했을 것이다. 그런 의미에서 본다면 이 작품 속에 오롯이 담겨 있는 티 없이 맑은 서정과 문학성 애향심으로 받아들여야 한다.

선생은 고향 마산을 무척 사랑했다. 〈가고파〉, 〈고향 생각〉, 〈옛 동산에 올라〉, 〈봄처녀〉, 〈장안사〉, 〈성불사의 밤〉 등 선생의 문학 업적은 대단한 우리의 문화유산이다. 노산 이은상 선생 작품만을 위한 시詩동산을 마련해도 시원찮을 이 마당에 선생의 작품정신이 훼손되는 것을 보면 안타까운 마음을 감출 수가 없다. 우리 모두 '가고파'의 정신을 깊이 새기며, 도시를 아름답게 가꿔나가야 될 것이다. 대립과 갈등이 아닌 화해와 이해로서 '가고파'와 '3·15의거' 정신이 나란히 손잡고 관광문화콘텐츠를 육성해야만 마산이 산다. '가고파'나 '3·15의거' 그 얼마나 순수하고 아름다운 청년시절의 노래이고 문화인가. 진심으로 가슴 깊이 되새길 필요가 있다.

제 1 장

노산 선생을 만나다

공영해

  노산 이은상 선생은 한국 현대사에서 큰 자취를 남긴 시조문학의 대가이다. 그가 남긴 저술에는 한결 나라사랑의 얼이 깃들어 있다. 그는 나라사랑의 정신을 수필과 시조로 보급, 수많은 청소년들이 그의 글을 통해 조국애가 어떠한 것인지 가슴 깊이 깨닫게 하였다. 글 속에서 우리는, 조국과 민족에 대한 사랑이 거의 신앙적 집념으로 나타남을 발견하게 된다. 조선어학회 사건으로 옥고를 치른 노산의 행적은 국학자로서 높이 숭앙을 받아 마땅하다.

내가 노산을 만난 것은 가곡 〈가고파〉를 통해서였다. 고향을 떠나 본 적이 없는 고등학생 신분의 나는, 노랫말에 담긴 반복적 어휘에 의한 그리움의 정서에 빠지고 만다. 언제 나도 먼 이역에 가서 이 노래를 멋지게 불러 보리라 다짐도 하였었다. 아직 바다 구경조차 하지 못한 나에게 노래 속의 바다는 그야말로 동경의 대상이었다. 꿈에서조차 잊을 수 없는 고향 바다 - 물새가 날고 가재 거이랑 달음질치는 모래판이 있고 별을 헤다 잠드는 뱃장이 있는 고향 바다가 마침내 전방 근무를 하게 되면서 입속에서 낮게 절절히 노래로 풀려 나오곤 했다. 1·21사태 직후 입대한 초병이 겪는 전방 근무는 매일이 살벌하였다. 초병 근무시 〈가고파〉를 10절까지 천천히 아주 천천히 열 번을 외면 한 시간이 금방이었다. 그 시절 〈가고파〉는 나에게 큰 위안이 되어 주었다.

노산은 또 우리들에게 〈피어린 육백리〉를 통해 흔들리는 마음을 잡아 주기도 하였다. 강건, 화려체로 뜨겁게 토하는 그 울분의 문장 앞에 우리는 숙연히 옷깃을 여며야 했다. "고지가 바로 저긴데 예서 말 수는 없"는 일이었다.

> 푸른 동햇가에 푸른 민족이 살고 있다.
> 태양같이 다시 솟는 영원한 불사신不死身이다.
> 고난을 박차고 일어서라. 빛나는 내일이 증언證言하리라.
> 산 첩첩 물 겹겹, 아름답다, 내 나라여!
> 자유와 정의와 사랑 위에 오래거라, 내 역사여!

가슴에 손 얹고 비는 말씀, 내 겨레 잘 살게 하옵소서.

　　　　　　　　　　　　　　　　　―〈피어린 육백리〉에서

　"내 겨레 잘 살게 하"려는 정신을 일개 초병인들 어찌 모르리. 인용시야말로 노산의 민족애, 국토애가 그대로 드러난 시 아닌가. 조국애의 확장을 위한 파월이 좌절되었지만 나는 불사신이 되고자 한 적도 있었다. 나의 청년시절 노산은 내 감성의 한 축을 벼려 준 스승이었다.

　오랫동안 노산을 잊고 지내다가 나는 다시 노산을 아주 가까이서 만나게 된다. 우연인지는 알 수 없으나 나는 노산의 고향, 그 '가고파'의 무대인 예향 마산에서 교편을 잡게 되고 그토록 그리던 바다를 곁에 두게 된다. 또 뒤늦으나마 시조에 입문까지 하게 된 것이다. 그러다 보니 자연 노산의 문학 세계를 접하게 되고 그의 논저를 통해 정신세계를 확인할 수 있게 되었다. 노산은 마산이 낳은 시조문학계의 태두이다. 현대를 살고 있는 한국인은 누구도 노산에게서 자유로울 수 없다.

　몇 년 전 마산역은 열차가 도착하면 가곡 '가고파'로 관광객들을 맞았다. 어느 항구도시에서 이런 환대를 하랴. 정겨운 가락에 걸음도 가뿐하였었다. 그러나 이 노래가 노산의 가사라 하여 역장을 찾아가 항의를 하는 바람에 유감스럽게도 중단되는 일이 있었다. 뿐만 아니다. 마산을 사랑하는 단체인 로터리클럽에서 마산역 광장에 〈가고파〉 노래비를 세우자 비문을 페인트로 황칠한 사건이 일어난다. 이 또한 노산을 제대로 모르는 사람들에 의한 소행이었다. 페인트를 지우며 나는 정말 부끄럽고 부끄러웠다. 당시의 심정을 나는 이렇게 노래하였다.

열차가 닿을 때마다 반갑다 손을 잡던
가고파 정겨운 가락 걸음도 가뻤했거늘
내 고향 남쪽 바다의 역사 지금 앓고 있다.

찬 얼음 센 바람 속 우리 얼을 지켜 오신
오로지 나라 사랑 큰 나무로 사셨던 분
그분 뜻 페인트 뿌려 이리 누가 황칠했나.

역사는 알고 있다. 노래비를 세운 광장
만행의 얼룩 결국 시민들을 비웃음
울면서 지워낸 자국, 물소리를 담는다.

하여 한데 얼려 알몸으로 살아도 좋을
그리움 노를 젓는 보고픈 물새 나라
가고파 노래의 고향 이곳이 마산이매.

―졸시 〈가고파 노래비를 닦으며〉 전문

나는 40년 이상을 창원에 살며 누구보다 창원을, 마산을 사랑해

왔다. 노산의 고향, '가고파'의 고향! 자랑스럽지 아니한가. 늦었지만, 우리의 숙원 사업이던 노산문학상을 지난해 제정하여 첫 수상자를 내게 된 것은 참으로 바람직한 일이다. 노산을 사랑하는 사람들이 한마음으로 그의 문학과 정신을 올바르게 정립하여 이보다 더 큰 사업을 펴 나가기를 기대해 본다.

제 1 장

가고파 꼬부랑길

옥영숙

　대구 방천시장 옆에는 '김광석 다시 그리기길'이 조성돼 있다. 통기타 가수 고故 김광석의 이야기를 입혀 명소가 된 곳이다. 김광석의 모습과 노랫말을 그려낸 벽화거리에는 쉴 새 없이 김광석의 노래가 흘러나온다.

　김광석은 다섯 살까지 대구에서 살다 서울로 올라갔다. 초등학교 때 대구 할머니집에서 잠깐 살았다지만, 김광석과 대구의 인연은 이게 전부다. 김광석이 방천시장을 추억하는 노래를 부른 적도 없고 내세울 인연도 없다. 그러나 그를 추모하는 문화산업이 방천시장을 문화의 거리로 만들고 경제효과로 발전시켰다.

　주말이면 이 비좁은 골목에 1,000명이 넘게 관광객이 모여들고 거리 복판의 호떡집은 말 그대로 불난 호떡집이 된다. 벽마다 김광석 사진을 붙인 시장통 고깃집에는 밤늦도록 김광석 노래가 메아리친다. 방천시장의 문화 아이콘이 김광석이다.

　부산시 동구 범일동과 초량동 산복도로 '초량 이바구길'이 부산의 대표적 명소로 발돋움했다. 6·25전쟁 때 피란민들이 판자촌을 만들면서 형성된 동네다. 이 동네를 부산 사투리 이바구를 붙여 지난 일 년간 명소로 가꿔 왔다고 한다. 굽이굽이 높다란 계단을 따라 이바구길은 근현대사의 흔적을 찾아오는 관광객을 맞이한다. 1년 만에 '초량 이바구길'을 찾은 이가 10만 명을 넘었고, 외지 탐방객 1인당 7만 원을 쓴 것으로 조사됐다. 부산 동구는 이바구길을 통해 지난 일 년간의 경제 파급효과가 20억 원 이상이라고 설명했다.

　마산의 대표적인 산동네 추산동과 성호동 골목길의 가고파 꼬부랑길. 꼬부랑길 벽화사업은 마산 돝섬 해안도로에서 문신미술관, 부림시장 구간에 벽화를 그리는 도심재생 사업으로, 마산의 아름다운 모습을 되살리기 위해 예술의 옷을 입었다.

　그런 가고파 꼬부랑길에는 가고파가 없다.

　'봄처녀 제 오시네 새 풀 옷을 입으셨네 하얀 구름 너울 쓰고 진주이슬 신으셨네…' 봄처녀를 노래하고 '내 고향 남쪽바다 그 파란 물 눈에 보이네…' 마산 바다를 마음껏 노래한 시인 이은상의 가고파는 어디에도 없다.

　마산 상남동에서 태어난 노산 이은상 시인은 〈가고파〉와 더불어 '내 놀던 옛동산에 오늘 와 다시 서니 산천의구한데 …'의 〈옛 동산에 올라〉와 '봄의 교향악이 울려 퍼지는 청라언덕 위에 백합 필 적에…'라는 〈동무 생각〉 역시 노비산을 노래한 것이다. '봄의 교향악'에 나오는 푸른 비단을 깔아 놓은 언덕이란 뜻의 청라언덕이 바로 노비산 기슭이다.

　가고파는 한국의 대표적인 가곡이다. 노산 이은상의 시에 김동진이 작곡을 하였다. 1932년 이은상이 발표한 시에 김동진이 1933년 완성하였다. 마산이 고향인 이은상이 이화여전에 재직하면서 조국의 참모습을 그리면서 지었고, 김동진은 평양의 숭실전문학교 학생시절 양주동으로부터 이 시를 배우던 중 작곡을 하고 싶어졌다고 한다. 〈가고파〉는 광복 후 교과서에 실리게 되고 수년 만에 국민가곡이 되었다.

　가고파는 우리 가까이 우리 곁에서 우리들의 정서 속에 숨 쉬고 있다. 이은상이 꿈과 포부를 키우던 정신적인 지주였던 제비산 언덕은 그의 뛰어난 문학사적 업적에도 불구하고 쓸쓸하게 자취도 없이 묻혀간다. 고향 바다와 고향 동무를 노래하던, 고향을 떠나 사는 이들에게 옛날같이 살고 싶은, 그 마음을 우리는 지켜가야 한다.

　현대인들은 긴장과 욕구 해소를 관광을 통해 심신을 치유한다. 가고파는 가고파 꼬부랑길과 더불어 문화의 아이콘이 될 수 있다.

가고파는 가고파 꼬부랑길과 청라언덕을 연계해서 스토리가 있는 관광명소를 만들 수 있다. 문화적 가치가 관광객을 통해 이익 창출을 만들어내고 마산지역 경제를 견인하는 원동력이 될 수 있다.

〈가고파〉의 애틋한 노랫말은 첫 구절만 불러도 마산 앞바다가 눈앞에 펼쳐지고 향수를 불러일으킨다. '오가며 그 집 앞을 지나노라며 그리워 나도 몰래 발이 머물고…' 그렇게 발이 머무는 곳 가고파이길 빌어본다.

제 2 장

조국을 노래한 민족시인

제 2 장

노산의 충무공 사랑

이근배

> 한산섬 그림 한 폭 벽머리에 걸어두고
> 밤중만 듣노라며 파도 소리 피리 소리
>
> —이은상

 누가 우리네 산과 물을 다 울리는가. 누가 역사의 혼불을 지피는 노래를 부르는가. 나는 먼저 노산鷺山 이은상을 떠올리게 된다.
 신문학의 지평이 열리면서 춘원·금동(김동인) 등은 소설로 가고 소월·지용이 자유시를 쓸 때 노산은 가람·조운曺雲과 더불어 겨레의 가락인 시조의 계승에 그 타고난 시재를 쏟아부었다. 고전과 현대를 넘나들며 시조 부흥을 주창하는 평론과 시조 작법, 그리고 국토기행문을 철철 넘치게 쓰더니 어느새 충무공 이순신의 생애와 사상에 깊이 빠진다.

1951년 〈이충무공의 애국심, 특히 공의 시가를 논함〉을 발표하더니 1960년에 와서는 충무공의 시와 후일 시에 대한 조선 명신들의 화답을 비롯해 《난중일기》, 그리고 관계 자료를 총망라한 《이충무공전서》를 완역 출판한다.

국난 극복의 성웅 충무공을 겨레의 가슴에 더 깊이 심고 싶어했던 노산은 국가재건최고회의 박정희 의장을 만나면서 그 뜻을 펴게 된다. 이병도·이선근·박종화와 함께 새 지도자 박정희의 학술·문화 쪽의 자문을 했던 노산은 박정희 정치이념의 상징인물로 충무공 이순신을 강력히 천거한다.

세계해전사에 가장 위대한 영웅이었고 임진왜란 때 나라를 구한 충무공의 국난 극복 정신은 군인 출신 박정희의 이미지를 높이는 데 가장 적합하다는 것이었다.

박정희 의장은 충무공을 받드는 일에 곧 착수하여 아산 현충사를 성역화하는 데 국고를 아낌없이 쓰도록 했고 해마다 4월 28일 충무공 탄신일에는 빠짐없이 이곳을 참배했다. 그때마다 노산은 헬리콥터에 동승, 해박한 지식과 능변에 박정희의 구릿빛 얼굴도 녹아들고 있었다.

지금 세종로 네거리에는 충무공 이순신의 동상이 청와대가 있는 북악을 등지고 위엄을 떨치며 서 있다. 지나가는 이들이 왜 세종로에 세종대왕 동상이 서지 않고 충무공 동상이 있느냐고 더러 묻기도 할 것이다. 그 속내에는 노산이 있었고 1968년 문공부는 조각가 김세중 교수에게 의뢰해서 국토의 한복판에 역사적 상징물을 세운 것이다.

한산섬 달 밝은 밤에 수루에 혼자 앉아
큰 칼 옆에 차고 깊은 시름 하는 차에
어디서 일성호가는 남의 애를 끊나니.

역사는 모르고 시는 몰라도 이 충무공의 〈한산섬〉 시조는 어릴 적부터 배우고 외워왔던 것. 노산은 조선조의 명신들이 그랬듯이 70년 이 〈한산섬〉에 대한 화답시집을 엮는다.

정일권 · 이효상 등 정치인, 박종화 · 김동리 · 박목월 등 문인, 그리고 이희승 · 이태극 · 김상옥 등이 쓴 196편의 화답시 속에는 박정희 대통령의 육필 시가 있다.

"한산섬 수루에 올라/ 우리 님 얼마 애 타신고/ 그 충성, 그 마음 받아/ 겨레 사랑, 나라 살림/ 맹세코 통일과 번영 이루고야 말리라"는 이 시조는 그가 남긴 오직 한 편의 작품으로 나는 알고 있다.

내가 근무하는 방에 오셔서 뒤를 이어달라고 당부까지 하시던 노산 선생. 화답집 편집을 내게 맡겨 나는 두 장이 없을 박정희 전 대통령의 육필 시 원고를 간직하고 있다. 노산은 지금 세상 밖의 어느 섬에서 한산섬 화답을 하고 계신지.

제 2 장

대문호 노산 이은상 선생

김시종

　예수의 가르침은 세월이 갈수록 구구절절이 감명 깊게 다가오지만, 그중에서도 특히 선지자가 고향에서 환영받지 못한다는 말씀이 가슴을 찡하게 울려준다.

　백년에 한번 날까 말까 한 확고부동한 대문호大文豪 노산 이은상 선생이 고향인 마산 사람들에게 푸대접을 받으신다니 참으로 안타까운 일이다. 이유인즉 노산 선생이 친일파라고 비하卑下한다니, 어떤 연유로 노산 선생을 친일파로 몰아붙이는지 터무니없는 명백한 오해요 지상 최대의 착각이다.

노산 선생이 일제강점기에 시조를 대대적으로 지어 민족정서를 자극한 것은, 문학을 통한 항일운동이었다. 이은상 선생의 처녀작(첫 작품)인 〈고향 생각〉도, 고향이란 바로 잃어버린 조국祖國을 가리킨다.

〈고향 생각〉작품 말미의 "때 묻은 소매를 보니 고향 더욱 그립소"의 '때 묻은 소매'는 일제에게 짓밟힌 백의민족을 상징하고, '고향이 그립다는 것은 일본에게 망한 조국이 그립다는 것이다. 작품마다 나라사랑이 넘쳐나는 희대의 애국시인愛國詩人을 친일파로 몬다니, 그렇게 단정하는 자들의 정신 상태와 저의가 의심스럽다.

노산 선생은 조선어학회 회원으로 일제강점기에 한글연구활동을 하시다가 일경에 체포되어, 애국자 환산 이윤재 선생과 같이 함흥감옥에서 추운 겨울과 무더운 여름을 지내셨다. 우리말, 우리글, 우리 얼을 지키려다가 함흥감옥 감방에서 'ㄹ'자 같이 꼬부리고 지내셨던 것이다.

함흥감옥에서 출감한 뒤에도 일제의 감시를 피해 전남 광양의 백운산 밑에서 숨어 사셨지만, 일경의 촉수에 걸려 광양경찰서에서 수감생활을 하시다가 광복을 맞았다. 이처럼 평생을 애국으로 지샌 노산 선생님을 친일파로 단정하다니 천벌받을 짓거리다.

노산 선생은 보통시인이 아니다. 백년에 하나 날까 말까 한 천재 시인이다. 뛰어난 천재 시인이 몰지각한 화상들로부터 천대받다니 통분을 금치 못할 노릇이다.

필자가 이은상 선생님의 작품을 처음 만난 것은, 시조 〈오륙도

五六島)란 주옥편에서다. 셈씨의 묘미를 살리고, 인생을 달관한 천재 시인이 아니라면 지을 수 없는 명작 시조였다.

  노산 이은상 선생은 우리나라 시인 가운데 자작시가 가장 많이 작곡되었다. 작곡가도 천재 작곡가들이 이은상 선생의 시에 다투어 곡을 붙였다. 홍난파·박태준·김동진 등 이 땅 최고의 작곡가들이 이은상 시를 노래로 만든 것이다.

  홍난파 선생이 작곡한 것은 〈고향 생각〉, 〈성불사의 밤〉, 〈금강에 살으리랏다〉, 〈봄 처녀〉, 〈옛 동산에 올라〉 등 편편이 주옥편이 아닌 것이 없어 많은 국민들이 지금도 흥겹게 애창하고 있다.

  박태준은 노산의 〈동무 생각〉을 작곡하여 지금껏 결혼 축가로 좋은 대접을 받고 있다. 김동진이 작곡한 〈가고파〉는 애국가 이상으로 애창되고, 향우회를 할 때마다 주제가로 각광을 받는다. 노산이 예찬한 마산 앞바다는 요사인 〈가고파〉 노래에서만 청정바다로 남아 있다.

  필자가 1967년 첫 시집 《오뉘》의 머리말을 부탁드리기 위해 서울 성북구 안암동에 있는 이은상 선생 댁을 찾아가서, 가치 있는 삶을 살기에 도움이 되는 말씀을 들을 기회가 생겼다.

  제3공화국 출범할 때, 박정희 대통령이 노산 이은상 선생을 국회의장으로 추대하고자 제의가 있었지만, 끝까지 시인으로 사시겠다는 이은상 선생의 뜻을 박대통령도 이해하고, 이효상 씨가 국회의장직을 맡게 됐다. 국회의장직 제의를 극구 사양한 것만 봐도, 노산 이은상 선생은 시정신이 살아 있는 고결한 선비였다.

워낙 유명한 이은상 선생이지만 셰익스피어를 모르는 사람도 있듯이, 이은상이 누군지 모르는 이들도 수필집《무상無常》의 작자라면 이내 알아들었다는 말이 있을 정도로 노산 선생은 시·시조·수필의 최고봉이었다.

필자는 이은상 선생의 시조선집《노산시조선집》(480쪽)을 50번 독파讀破하여, 노산의 시세계에 완전히 심취케 됐다. 얼마나 잘된 시조집이었으면 500쪽 분량을 50번이나 독파했겠는가? 지금도 생각나면《노산시조선집》을 뽑아들 정도로 감칠맛이 그저 그만이다.

노산 이은상 선생에 대한 오해는 그분의 주옥시집珠玉詩集을 보지 않았기 때문이다. 인생을 보람 있게 살고 싶으면《노산시조선집》과《무상》을 일독一讀해 보시라.

대문호 이은상 선생을 이 땅에 보내주신 신神께 절로 영광을 돌리리라.

제 2 장

만원의 가고파 사랑

남재우

　노산 이은상, 석호 조두남 선생에 대한 '6년간의 치열한 이념 논쟁' 끝에 고향 마산에 남겨진 것은 무엇인가? 갈등과 분열, 증오와 무기력의 아픈 상처뿐이었다. 상처를 치유하기 위해 재경마산향우회는 시민화합의 대동제 개최를 결의했으며, 2016년 10월 31일 이를 실행했다.

　행사를 개최하면서 향우회는 두 가지 방침을 명백히 했다. 첫째 노산 이은상, 작곡가 조두남 선생에 대해 인물 위주의 재논의는 일절 하지 않는다. 둘째, 마산이 가진 대표적 문화 콘텐츠인 〈가고파〉, 〈선구자〉, 〈고향의 봄〉을 다시 불러 잊혀 가는 우리의 노래를 다시 부르는 데 초점을 맞춘다는 것이었다. 광복 70주년을 맞아 화해와 용서, 융합과 상생의 시대정신에 맞게 우리 모두 시시비비를 따지지 말고 서로 손을 맞잡자고 사전에 호소했고, 행사 도중에도 작가들 이름은 일절 거론하지 않았다.

향우회는 〈돌아오라 소렌토로〉, 〈먼 산타루치아〉란 노래로 나폴리나 소렌토가 세계적인 도시로 명성을 얻었듯이, 마산의 대표적 문화 콘텐츠인 〈가고파〉를 활용해 그 시의 내용은 물론 아름다운 멜로디가 전 세계에 널리 퍼질 수 있도록 시인과 작곡가를 기리는 조형물 제작을 공개적으로 제의했던 것이다. 이것이 바로 '만원의 가고파 사랑' 캠페인이다.

마산의 민주화 정신이 훼손되기 때문에 이런 노래들을 선양해서는 안 된다, 노산문학관, 조두남음악당을 만들어서는 안 된다, 노산문학상을 제정해서도 안 된다고 한다면, 앞으로 미래를 향해 한 발자국도 나아가지 못하는 결과를 초래할 수밖에 없다고 본다.

왜 우리가 자랑해야 할 소중한 우리의 문화자산을 우리 손으로 망가뜨리고 묻어야 하는가? 이제 세월도 많이 흘렀다. 지금쯤은 '큰 숨 한 번 쉬고' 서로 화해하고 용서할 때가 되지 않았는가?

다시 한 번 우리 재경마산향우회는 대동제를 개최한 순수한 뜻을 받아들이고 '만원의 가고파 사랑' 캠페인에 대해 마산시민은 물론 전 국민, 나아가 해외 동포들과 이 캠페인을 제대로 이해 못한 시민단체 여러분들까지 동참해 줄 것을 호소한다.

일제강점기 예술가들의 생존형, 생계형 친일에 대한 국민 정서는 이제 이를 포용하는 추세다. 노산의 친일 의혹에 대해 두 번이나 옥고를 치른 애국지사였음이 밝혀졌고, '불법, 불합리에 의한 불상사'란 발언도 이승만 정권의 부정선거에 대해 '지역적, 고식적, 대당적 제의보다 비상한 역사적 대국면을 타개하기 위해 국민이 원하는 새 국면으로 전환해야 한다'라고 질타한 문맥을 볼 때 부정선거에 대해 비난임이 분명해졌다.

마산시의회가 표결로 노산문학관의 간판을 내린 것은 문제가 있다. 창원시의회에서 다시 표결하든지 마산시민 모두에게 투표로 의견을 물어야 한다.

〈가고파〉를 다시 부르고 기념동상을 건립하는 일은 창원, 마산 문화를 우뚝 세우는 길이다. 재경마산향우회는 '만원의 가고파 사랑' 동상 건립 캠페인을 계속할 것이다. 시민단체도 대승적 차원에서 동참해 줄 것을 부탁한다.

제 2 장

노산 선생의 마산사랑

오정방

 마산은 위대한 민족시인을 낳은 도시다. 올해로 탄신 102년이 되며 서거 23년째가 되는 노산 이은상 선생을 배출한 고장이기 때문이다.
 마산이 다른 도시보다 더 유명해진 이유 중의 하나는 누가 뭐래도 〈가고파〉의 시인 노산 선생의 고향이라는 데서 찾아볼 수 있다. 혹 마산을 모르는 사람이라 할지라도 국민가곡 〈가고파〉를 모르는 사람은 없을 만큼 이 가곡은 우리나라 최고의 가곡으로 선정되어 애창되고 있다.

필자가 이 얘기부터 하는 것은 지난 2003년 《월간 조선》이 성악가와 음대 교수100여 명으로부터 설문조사를 한 결과 한국 최고의 가곡은 〈가고파〉, 최고의 작곡가는 바로 〈가고파〉를 작곡한 김동진 교수, 최고의 성악가는 오현명 교수를 뽑은 적이 있다는 신문 기사를 읽었기 때문이다.

〈가고파〉는 지금으로부터 73년 전인 1932년 1월 5일에 탈고되어 3일 뒤 동아일보 지상에 발표되었는데 이 무렵 노산 선생은 서울 신당동에 사셨기에 탈고지를 행화촌이라고 원고 말미에 밝혀 놓았다.

선생의 시조 〈가고파〉가 오늘의 〈가고파〉가 된 것은 물론 뛰어난 작곡가의 역할이 적지 않다.

〈가고파〉가 지상에 발표된 이듬해 작곡가 김동진 선생은 평양의 숭실전문학교 문과 2학년에 재학 중인 학생의 신분이었다. 국어시간에 노산 선생과 갑장이며 일본 유학시절 함께 지냈던 무애 양주동 선생이 현대시조를 가르치면서 〈가고파〉 시조 10수를 소개하게 되었는데, 이것을 배운 김동진 학생은 이 시조에다 곡을 붙이면 참 좋은 곡이 될 것 같다는 막연한 생각을 하게 된다. 그러던 어느 날 현제명 선생이 곡을 붙인 〈가고파〉를 들어보고는 자신도 빨리 이 시조에 곡을 붙여야 되겠다는 충동에 사로잡혀서 곧 영감을 얻어 멜로디를 오선보에 옮긴 것이 "어디 간들 잊으리오/ 그 뛰놀던 고향 동무/ 오늘은 다 무얼하는고/ 보고파라 보고파"였다고 한다. 좋은 곡은 먼저 좋은 시, 좋은 가사가 있어야 함은 말할 필요도 없다. 이렇게 해서 전편 1수에서 4수까지가 작곡되어 불리게 되었는 바 해방 후 평양에서는 음악회가 있을 때마다 성악가들이 이 노래를 많이 불렀는데 어느 때 가서는 금지곡이 되기도 하였다. 반면 남한에서는 자유롭게 이 곡이 불렸는데, 6·25 이후에 작곡자가 월남하여 서울에 와서야 비로소 자신이 작곡한 〈가고파〉가 남한에서 그렇게 유명한 가곡이 된 것을 알았다고 한다.

　작시자와 작곡자와의 첫 만남은 6·25 한국동란 후 2~3년 뒤인 부산에서였다고 김동진 선생은 회고한다. 당시 노산 선생이 사장으로 있던 호남신문사가 부산에서 전남산업전시회를 가졌던 전시장을 김동진 선생이 방문함으로써 첫 대면이 이루어진 것이다.

　어느 핸가, 노산 선생이 어린 시절 뛰어놀았던 용마산에 〈가고파 시비〉가 세워질 때 작곡자도 초청되었는데, 10수 모두가 시비에 새겨진 것을 보고 자신도 나머지 6수를 마저 작곡하여야 하겠다는 생각을 굳히게 되었다. 그날 저녁에 축하강연과 음악회가 열렸을 때 작곡자 자신이 이 〈가고파〉 전편을 직접 불러 갈채를 받았다. 이 박수 속에는 빨리 후편을 작곡해 달라는 마산 시민들의 염원이 담겨져 있음은 물론이었다. 그 후 2개월여의 산고 끝에 마침내 후편이 완성되었다. 〈가고파〉 전후편이 처음 작곡 발표된 것은 전편이 작곡된 지 꼭 40년 후가 되는 1973년 12월 10일 노산선생고희기념 음악회가 숙대 강당에서 있었을 때였고, 숭의여고합창단과 테너 김화용 씨가 독창을 했다. 필자도 그날 밤에 노산 선생을 모시고 참석하였는데, 선생께서는 매우 흡족해 하셨고, 관중 모두의 흥분과 감격은 대단했음을 지금도 잊지 못하고 있다.

전후편이 처음 발표된 그날로부터 벌써 32년이란 세월이 흘렀다. 〈가고파〉 전편이사 수없이 불렀으므로 잘 부를 수 있으나 후편은 그날 이후 한 번도 제대로 불러보지 못하여 어렴풋이 멜로디만 기억할 뿐인 것을 늘 안타깝게 생각하고 있다가 서울의 지인에게 연락하여 이메일로 받아 CD를 구웠다. 참으로 좋은 시대에 산다는 생각을 하면서 필자가 살고 있는 포틀랜드의 한인방송 'FM KOREA'에서 지난 9월 18일 노산 선생의 23번째 기일에 맞춰 특집으로 방송하였고, 이것을 좀 더 확대 편집하여 10월 22일(토) 선생의 102번째 생신일에는 LA에 소재한 '라디오 서울'을 통하여 노산 선생 특집이 방송되어 워싱턴, 뉴욕, 하와이 등 미국 전역에서 〈가고파〉 전후편을 모두 들을 수 있게 되었다.

이 밖에 노산 선생이 마산과 가장 밀접한 관계가 있다고 볼 수 있는 가곡은 아무래도 〈옛 동산에 올라〉를 꼽을 수 있을 것이다. 어느 해부턴가 해마다 '노산가곡의 밤'이 마산에서 개최되어 횟수를 거듭하고 있는데, 생전에 노산 선생은 이날만은 꼭 참석하여 마산의 동향인들을 만나고 성악가들을 격려하셨다. 노산 선생은 해학이 풍부하셔서 성악가들이 모인 자리에서 몇 마디 말씀만 하셔도 좌중은 늘 폭소가 가득하였고, 가곡 몇 곡을 부르기 위해 서울에서 내려온 저들의 피로를 말끔히 씻어주는데 조금도 부족하지 않았다.

아무튼 노산 작시가 가곡으로 많이 애창되는 것들은 다음과 같은데 대부분이 시조작품인 것을 새삼 깨닫고 노산 선생이 한국현대시조 발전에 기여한 공로는 아무리 높이고 기려도 오히려 부족하다 할 수 있을 것이다.

〈가고파〉(김동진 곡), 〈고향 생각〉(홍난파 곡), 〈그리워〉(채동선 곡), 〈그리움〉(홍난파 곡) 〈그 집 앞〉(현제명 곡) 〈든강에 살으리랏다〉(홍난파 곡), 〈동무 생각〉(박태준 곡), 〈봄처녀〉(홍난파 곡), 〈사랑〉(홍난파 곡), 〈산으로 가자〉(김동진 곡), 〈성불사의 밤〉(홍난파 곡), 〈옛 동산에 올라〉(홍난파 곡) 〈우리 속리산〉(김동진 곡), 〈장안사〉(홍난파 곡), 〈탄금대〉(김동진 곡) 등과 그 밖에 교가校歌나 사가社歌 경남도가道歌 등 일일이 헤아릴 수 없을 정도로 많다.

제 2 장

애향, 애국시와 노산

이우걸

　노산은 19세인 1922년 〈아버님을 여의고〉라는 시조를 썼다. 그러나 스스로는 1928년에 쓴 〈고개를 수그리니〉를 처녀작으로 내세운다. 그의 효심은 여러 작품에 보이지만 특히 〈가윗날에〉는 〈가신 아버지를 그리며〉라는 부제를 붙인 10수의 연시조로 가히 대작이다.

　　가을 들 마르는 풀 바람에 흔드는데
　　반계 단풍은 석양에 타는구나

천리객 이내 상흔을 뉘께 말씀 하리오
북산에 홀로 올라 누누중총 바라보니
가위라 군데군데 곡소리 슬프도다
우리님 누우신 산을 멀리 그려 우노라

첫째, 둘째 수를 옮겨 보았다. 쓸쓸한 나그네가 한가위에 돌아가신 아버지를 그리는 절절한 심정을 읊고 있다. 노산은 부친이 설립한 창신학교 고등과를 졸업했을 뿐 아니라 연희전문 3년 수료 후인 1923년부터 2년간 모교에서 교편을 잡기도 했다. 그러한 기간이 부자지간의 온정을 돈독히 하는데 특별히 소중한 시간이었으리라 생각된다.

자비가 님의 뜻이 희생 또한 님의 뜻이
내 몸 죽사와도 남 도와 사올 것이
님께서 이길로 예오시니 나도 따라 가오리다

썩어질 몸이어늘 영화안락 무엇이뇨
불의엔 침 배알고 향기로이 살았으리라
내 일생 이뜻을 지켜 님의 뒤를 이르리다

〈맹서〉라는 시조 전편이다. 부친 타계 3년째 되는 해에 쓴 작품이다. 사회장으로 영결식을 거행했을 만큼 지역사회에 헌신한 부친에 대한 존경심과 아울러 자비, 희생, 봉사의 일념으로 아버지의 뒤를 잇겠다는 결곡한 의지가 배어 있는 작품이다.

화엄사에는 효대가 있다. 연기조사가 그의 어머니의 명복을 빌기 위해 사사자 석탑을 만들고 그 속에 부인 즉 그의 어머니상을 만들고 그 앞에 작은 탑과 자기의 상을 세워 공양하는 마음을 조각한 것이다. 노산은 세 수로 된 시조 〈효대〉를 썼는데 그 마지막 수는 다음과 같다.

그리워 나도 여기
합장하고 같이 서서
어머니 아들 되어
몇 번이나 절하옵고
우러러 다시 보오매
웃고 서 계신 저 어머니

그에게 효심은 애향 애국정신의 바탕이었다. 1932년에 발표한 〈앉은뱅이〉는 다음과 같다.

노비산 모롱이는 어린 내 자라던 곳
이 봄도 그 언덕엔 앉은뱅이 피련마는
따 담던 그날의 책가방은
버린 데도 모르겠네

이 단시조를 읽으면서 그의 호가 왜 노산인가를 추론하는 것은 어렵지 않다. 같은 해에 발표한 가고파는 전 국민이 애창하는 애향의 노래다.

내 고향 남쪽 바다 그 파란 물 눈에 보이네
꿈엔들 잊으리오 그 잔잔한 고향 바다
지금도 그 물새들 날으리 가고파라 가고파

어릴제 같이 놀던 그 동무들 그리워라
어데 간들 잊으리오 그 뛰놀던 고향 동무
오늘은 다 무얼 하는고 보고파라 보고파

전편 10수 중 첫째, 둘째 수를 옮겨보았다. 지적으로 의도적으로 만든 이미지군을 발견하기 어려울 만큼 자연스런 언어들이 시조의 가락을 타고 흐르고 있다. 그래서 오히려 명가곡이 된 것이 아닐까 생각한다.

그의 고향사랑은 국토사랑, 조국사랑, 인류사랑으로 확대된다. 〈십이폭〉, 〈옥녀봉〉, 〈오산장터〉, 〈선죽교〉, 〈당신과 나〉, 〈나의 조국 나의 시〉, 〈고지가 바로 저긴데〉, 〈너라고 불러보는 조국아〉나, 옥중시조 〈어머니께 드리는 편지〉, 〈ㄹ자〉, 〈공습〉, 〈해바라기〉, 그리고 77세에 남북 분계선을 답사하고 쓴 소제목 42개 205수로 구성된 서사시조집 《기원》은 그의 이런 정신을 증명하는 최후의 창작

물들이다.

  언론인이요, 사학자요 국문학자요 교수요 시조시인이요 등산가일 뿐 아니라 우리말을 지키다 투옥된 애국지사이기도 한 노산은 조국 광복 후 일체의 권력을 탐하지 않고 자신의 민족주의 사상을 펴고 창작과 애국선열 기념사업에 헌신했다. 그러나 그의 고향은 그의 그런 고결한 정신과 헌신에 응답하지 못하고 있다. 오히려 성인의 기준으로 그의 생을 비판하며 문학적 업적마저 냉소로 일관하는 사람들이 있다. 그런 기준이 합리적이라면 이 땅의 어느 문인에게도 문학관이나 기념사업은 불가능하리라 생각한다. 노산의 애향, 애국의 혼령은 아직도 풍찬노숙하며 안식할 거처를 찾아 헤매고 있다. 고향은 이제 대답해야 한다. 반드시 대답해야 한다.

제 2 장

노산시조문학상의 의미

김연동

　2016년 11월 27일 오후 4시, 200여 명의 하객들이 모인 가운데 제1회 노산시조문학상 시상식이 거행되었다. 때늦은 감이 없지 않았지만, 120여 명의 경남 시조시인들에게는 의미 있는 날이었고, 남다른 감회에 젖은 시간이었다. 경남시조시인협회뿐만 아니라 한국의 이천여 명의 시조시인과 다른 장르의 문인들에게 한국문단에서 노산의 존재의미를 다시 짚어 보는 시간이 되었을 것이다. 노산이라는 큰 문인을 낳은 마산의 대부분의 사람들도 축하를 보내며 노산에 대해 추억하는 시간을 가졌으리라는 생각을 했다.

　요즈음 유명문인을 추모하고 그의 문학적 업적을 기리고자 거행되는 대부분의 문학상은 그의 고향이나 연고지가 속한 지방정부나 시군에서 시민의 세금으로 시행되고 있다. 하지만 노산시조문학상의 경우는 달랐다. 창원지역을 기반으로 설립되어 전국에서 몇 안되는 100년 기업으로 성장한 몽고식품의 지원을 받아 그 첫 삽을 뜰 수가 있었다. 그런 측면에서 몽고식품은 전국의 문인들과 시민들로부터 찬사를 받았고, 한국 문단사의 한 페이지에 이름을 올리게 되었다.

노산은 마산 출생이라는 향토적 의미로 국한하여 그의 사회적, 문학적 삶을 재단하기란 너무 큰 그릇이다. 사회적 활동 면에서도 그러하고, 사학자로서도 그렇다. 문학적 그의 삶의 영역은 더욱 더 넓고 크다. 1세기에 날까 말까 한 민족 시인이었다. 노산이 남긴 글들은 그의 시조뿐만 아니라 산문 속에서도 절절한 나라 사랑을 읽을 수 있다. 그의 글 속에는 그 누구도 흉내 낼 수 없는 향토애와 진정성이 담겨 있다. 구구절절이 모골이 송연해지는 조국애, 인간애가 담겨 있음을 알 수 있다.

그러한 노산이 한때 친일한 사람으로 매도되는 수모를 겪기도 하였다. 그런 의심을 품은 사람들의 수고로 노산의 족적이 샅샅이 파헤쳐졌지만 친일 흔적을 찾아낼 수가 없었다. 동시대 유명한 문필가나 학자들이 훼절의 길을 걷고 있을 때에도 노산은 그의 절조를 굽히지 않았다. 노산은 일본 제국 치하에서 두 번의 옥살이를 하였다. 한번은 조선어학회 사건으로, 다른 하나는 광양경찰서에 불령선인으로 구금되는 고난의 길을 감내해야만 했다. 일제 말기의 행적을 의심하는 사람들도 있었지만 백운산에 은둔생활을 하며 일제의 감시망을 피했던 노산이다. 그러기에 그가 남긴 작품들 가운데서 단 한 편의 친일 흔적을 발견할 수가 없었다. 이러한 그의 드러난 행적들로 볼 때 친일파로 몰았던 생각 자체가 가당치 않은 일이었다. 만약 노산이 친일한 흔적이 티끌만큼이라도 남아 있었더라면 노산이 남긴 글들은 모두 의미를 잃고 말았을 것이다.

친일행적에 대한 문제제기가 사실무근으로 판명되자 군사정부에 협력한 사람이라는 새로운 시비是非거리가 등장하여 노산정신에 흠집을 내려하고 있다. "노산 선생에 대한 3·15의거 폄하 논쟁의 시발은 3·15의거가 있은 지 꼭 한 달 만인 조선일보 1960년 4월 15일자에 게재된 '마산사건의 수습책'이라는 제목의 6개 항목의 설문에 대한 답변에 있었다."(오하룡, 〈노산은 3·15를 폄하하지 않았다〉《작은문학》 49호, 2013. 참조). "도대체 블합리 불합법이 빚어낸 불상사"라고 한 것을 두고 3·15 정신을 왜곡했다는 것이다. 그것은 "마산 사건이 촉발된 근본 원인은 무엇으로 봅니까?"라는 조선일보의 질문 1항에 대한 그 '답변만'을 취한 것이다. "3·15가 일어난 원인의 질문은 없고 3·15 자체를 부정하는 것 같은 부분만 들어내어 3·15의거를 부정한 발언을 한양 규정지어 버린 것이다."라고 오하룡 선생은 밝히고 있다. 앞의 질문내용과 연관 지워 보면 "불합리 불합법"은 정부의 부정선거를 지적한 것이다.(구체적인 내용은 오하룡 시인의 《작은문학》 49호 p.29~40 참조) 기사의 전문으로 볼 때 오하룡 선생의 객관성 있는 견해에 필자도 이

견이 없다. 모쪼록 바르게 읽히고 바르게 파악되어 바로잡히기를 간절히 희망하는 바이다.

　노산 사후 한 세대가 지나갔다. 끊임없이 제기되고 있는 노산에 대한 문제들을 이번 노산시조문학상 제정을 계기로 접어지기를 기대한다. 일제에 항거했고, 국가의 관직에 한 번도 오른 적이 없었다. 더구나 그의 문학은 고향을 사랑하는 마음을 바탕으로 하고 있지 않은가. 이제 사실을 사실대로 바라보고 평가하며 화합하는 모습을 마산사람들은 보고 싶어 한다. 타 지역인들의 생각과 같이 이제부터라도 마산역에 내리면 〈가고파〉가 울려 퍼져야 한다. 노산의 흔적을 되살려 이를 관광자원화하는 진보된 생각으로 다 함께 나아가야 한다. 저 먼 최치원의 행적을 기리는 창원시의 관광의 밑그림 속에는 반드시 노산의 문학과 그의 행적이 부각되어야만 창원시민과 국민들의 공감을 얻을 수 있으리라 생각된다.

　무엇보다도 앞으로 남은 과제는 노산시조문학상이 전국 최고의 시조문학상으로 자리매김하는 일이다. 이를 위해서는 모든 시민의 성원이 있어야 하고, 객관성과 공정성, 신뢰성을 담보로 수상자를 선정하는 일이 지속적으로 유지될 수 있도록 운영하는 일이다.

　끝으로 본 상이 제정되기까지 도와주신 재경마산향우회 남재우 고문님과 불철주야 노심초사하며 애쓰신 김교한 선생님의 노력을 기억해야 할 것이다. 다시 한 번 몽고식품에 감사를 표하며, 부디 노산시조문학상이 항구적으로 지속되는 가운데 마산정신 선양에 일익이 되기를 간곡히 바라며 글을 접는다.

제 2 장

연정을 곡진한 선율로 노래한 노산 이은상

이처기

노산 가곡의 밤 음악회가 2017년이면 제33회가 된다. 〈가고파〉 〈탄금대〉 〈그 집 앞〉 〈봄처녀〉 〈옛 동산에 올라〉 등 주옥같은 작품들이 노래가 되어 연연히 불리고 있다. 2016년 지난해에는 숙원이던 노산시조문학상이 제정되어 제1회 시상식을 가짐으로써 우리나라 문학의 별 노산을 기리는 사업이 빛을 보게 되어 다행으로 여긴다.

합포문화동인회(회장 조민규)와 노산문학상 운영위원회(위원장 김교한)의 노고에 큰 감사를 보낸다.

　노산은 천부적 문필가로 시, 시조, 수필, 평론, 기행문, 비문, 교가, 가사 등 여러 장르에서 수많은 작품을 남기고 있다. 애국자로 독립운동가로 민족정신과 종교정신을 바탕으로 한 〈기원〉〈너라고 불러보는 조국아〉〈고지가 바로 저긴데〉, 자연과 국토에 대한 사랑이 깃든 〈피어린 600리〉〈조국강산〉〈성불사의 밤〉〈탄금대〉, 그리고 사향과 효행심이 깃든 〈가고파〉〈옛 동산에 올라〉〈효대〉〈어머님께 드리는 편지〉〈사우〉 등 일일이 거론하지 않아도 부지기수이다.

　하지만 나는 여기에서 노산의 폭넓은 작품 세계 때문에 쉽게 지나치기 쉬운 노산의 연정시에 주목해 보고자 한다. 그래서 '연정을 곡진한 선율로 노래한 노산 이은상'이라고 글의 제목을 부쳐 보았다.

　다음 작품들을 보면 선생은 순진 무구하고 애정이 깃든 낭만주의 예술가임을 알 수 있다. 언어의 아름다움을 미화하는 탁월한 마력을 지닌 천부적 작가임을 알게된다. 애정과 연정을 노래한 문인 묵객이 얼마나 많은가! 청마 유치환의 〈낮달〉, 김소월의 〈진달래꽃〉, 박재삼의 〈내 사랑은〉, 조선조 홍랑의 〈묏버들 가지 꺾어〉, 황진이의 〈동짓달 기나긴 밤을〉 등 수많은 문인들이 연정과 사랑시를 남겼지만 노산 또한 못지않은 자기만의 서정으로 연정을 노래한 분임을 그의 작품에서 발견하게 된다.

〈그 집 앞〉을 음미해 보자.

오가며 그 집 앞을 지나노라면
그리워 나도 몰래 발이 머물고
오히려 눈에 띌까 다시 걸어도
되오면 그 자리에 서졌습니다

오늘도 비나리는 가을 저녁에
외로이 이 집 앞을 지나는 마음
잊으려 옛날 일을 잊어버리며
울 밑에 빗줄기를 세며 갑니다

 이 작품은 기교가 없으면서도 쉽게 전해오는가 하면 순진하고 너무나도 신선한 언어구사의 순수미에 젖어들게 한다. 때묻지 않은 유년시절 첫사랑의 울렁거리는 심리 묘사를 어떻게 저리 세밀히 표현할 수 있을까 하고 감탄하지 않을 수 없다. 잔잔한 절창이다.
 '그 집 앞을 지나노라면/ 그리워 나도 몰래 발이 머물고/ 오히려 눈에 띌까 다시 걸어도/ 되오면 그 자리에 서져 있다'는 그리운 마음 두근거리는 마음 얼굴이 달아오르며 부끄럽기까지 한 착하고 애띤 심연의 묘사를 그린 한 편의 동화이다.

〈사랑〉에 들어가 보자.

    탈 대로 다 타시오 타다 말진 부디 마소
    타고 다시 타서 재 될 법은 하거니와
    타다가 남은 동강은 쓸 곳이 없소이다

    반 타고 꺼질진대 아예 타지 말으시오
    차라리 아니 타고 생나무로 있으시오
    탈진대 재 그것조차 마저 탐이 옳소이다

생나무가 불타면 동강이 남는데 그 동강은 마침내 재가 된다. 그 재도 태워버려야 진짜 사랑이다. 사랑의 정념은 영혼 속에 파고 들어가야 한다는 사랑의 극치를 읍소하고 있다. 혼을 너머 초혼의 경지에 들어야 사랑이라 할 수 있다고 한 노산의 사랑이야말로 진실한 사랑이다.

제 2 장

노산의 양장시조를 다시 생각한다

장성진

 노산 이은상(1903~1982)의 시조를 전체로서 다루는 이들이 빠뜨리지 않고 언급하면서도 정면으로 쟁점화하기는 은근히 꺼리는 문제가 양장시조론과 그 작품에 대한 해명이다. 가령 노산은 왜 양장시조를 들고 나왔을까, "양장시조"는 시조인가 아닌가, 시조의 정체성은 과연 무엇인가? 이런 설문이 불가피한데, 그다지 간여하고 싶지는 않다는 것이다. 그도 그럴 것이, 양장시조를 긍정하고 나면 작가도 비평가도 부담이 엄청나게 커진다. 작가들은 자기의 작품이 고시조의 형식적 제약을 극복하면서 현대화를 다양하게 추구해왔다는 의의를 강조하는데, 양장시조에 비하면 그 정도는 미약한 탈피에 불과하다고 인정해야 한다. 비평가들은 묵시적이든 명시적이든 시조가 삼장이라는 전제 아래 시조론과 작품 분석을 진행해 왔는데, 양장시조를 받아들이고 나면 시조의 정체성을 새로 규명해야 한다.

노산은 양장시조의 정립과 창작에 상당히 힘을 기울였다. 지나가는 길에 한번 시도해 본 정도는 아니다. 왜 그랬으며, 실제는 어떠했을까?

시조부흥론자들이 대부분 그랬듯이, 노산도 현대시조가 더 이상 노래로서의 가곡창歌曲唱과는 무관하게 "읽는 시"로서 가치를 가진다고 역설하였다. 그래서 음악적 분류를 무시하고 시형詩型으로서 단형短型과 간형間型과 장형長型을 설정하였다. 그중에서 간형을 설명하면서 4장시조로 분류할 수 있다고 하고서, 4장시조가 가능하다면 양장시조도 가능하다고 하였다. 그런데 노산은 4장시조와 양장시조에 대해서 가능성을 함께 인정하면서도 가치는 전혀 다르게 설명하였다.

4장시조를 단순히 행의 길이로 분류한 형식은 아니다. 고시조를 검토하면서, 초장이나 중장의 길이가 단형 한 장의 두 배쯤 되면서, 길어진 장이 짝(對偶)를 이루는 작품을 가려서 4장시조라고 하였다. 기존의 시조 중에는 한시의 7언율시에 현토한 작품도 여기에 속하며, 그 외에도 더러 있다는 예를 들었다. 이렇게 확인은 하면서도, 도리어 이 4장시조를 창작하는 일에 대해서는 경계하였다.

그 이유는 4장시조를 창작하면 그것이 4행시와 같아질 수 있다는 것이다. 시조의 정체성을 훼손하는 데 대한 우려가 숨어 있다. 고시조에는 있지만 창작은 하지 말자는 주장이다.

이에 비해서 양장시조는 당연히 고시조에서 찾아볼 수 없다. 가곡창이나 시조창으로 실현되는 고시조에 3장은 절대적 요소이기 때문이다. 그런데 노산은 양장시조를 창작도 하고 권장도 하였다. 그 계기는 두 가지이니, 하나는 3장에서 하나를 더한 4장시조가 가능하다면 반대로 하나를 줄인 양장시조도 가능하다는 논리의 연장이고, 하나는 고시조 중에서 두 장을 하나로 압축하면 더욱 좋은 시가 된다는 미적 감각의 표출이다. 거기에 더해 양장시조의 효과에 대해서는 이미 몇몇 시인들 사이에 논의와 시도가 있었다고도 하였다. 단수의 작품을 보자.

뵈오려 못 뵈는 님 눈 감으니 보이시네
감아야 보이신다면 소경되어지이다.
—〈소경되어지이다〉(1931. 10. 20)

노산의 양장시조 중 가장 널리 알려진 작품일 것이다. 양장시조에 대한 원래 그의 주장을 들어보면 "3행까지 불필요해서" 양장으로 짓는다고 하였으니, 양장은 3장의 축약이다. 그렇지만 줄이기 전의 시 곧 가상의 3행시를 떠올리기에는 너무 단순하다. 애초에 2장일 수밖에 없었다고 하겠다. 좀 극단적으로 말하자면 "보(이)다"

와 "눈감다" 두 단어의 활용만으로 이루어진 작품이다. "님"은 명시적으로 드러내지 않아도 이미 정해진 상대이며, "소경되다"도 눈감는 행위와 동의어이다. 이 짧은 시에서 첫 행의 후반부와 둘째 행의 전반부는 사실상 겹친다. 의미만 보면 "뵈오려 못 뵈는 님 눈 감아야 보이신다면 소경되어지이다."라고 해서 안 될 게 없다. 이는 시로서 더 성공적이라는 말이 결코 아니라, 3장을 2장으로 줄이는 게 더 낫다고 하면서 예로 든 작품들에 가해진 축약 방식을 적용해 보면 그렇다는 말이다.

이렇게 비틀어서 한 행으로 가정해 본 것이, 앞의 두 행짜리 원작품과 동일할 수 없다는 이치를 생각하면, 노산의 2행시는 시조의 축약이 아니라 애당초 2행으로 이루어진 시 작품이다. 고시조의 3장 사이에 필연적으로 전제된 논리적 구성 방식과는 다른, 그보다 훨씬 압축된 감성을 담을 그릇으로서 2행을 선택한 것이다. 굳이 시조의 한 하위 갈래라고 보기 어렵다고 하겠다.

안개 싸인 산을 헤치고 올라선 제
새소리 들리건마는 새는 아니 보이오.

안개 걷고 나니 울던 새 인 곳 없고
이슬만 잎사귀마다 방울방울 맺혔소.

—⟨산 위에 올라⟩ 1931. 9. 2

노산의 양장시조 중에서는 각 수 사이의 긴밀성이 돋보이는 작품이다. 우선은 '두 수짜리 양장 연시조'라고 해 두자. 여기서 두 "수首"가 "연聯"의 무게로 "연連"하는 방식에 주목할 만하다.

전통적으로 연시조는 독립된 각수各首가 모여서 한 편을 이룬다. 사계절이나 지리적 위치에서 오는 자연스러운 소자의 연결, 오륜처럼 정해진 항목 등이 각수의 소재가 되며, 그 수 사이에는 주제적 통일 이외의 필연성을 찾기 어렵다. 그래서 "수首"는 "연聯"을 초월하는 독립성을 가진다. 그렇지만 위의 작품에서 "수首"는 충실히 "연聯"의 역할을 하면서 연 이상의 독립성을 가지지 않고, 둘이 "연連"해야 비로소 하나의 작품으로 완결성을 드러낸다.

첫 수의 초장은 분명한 초장이다. 산을 오르는 화자의 행위는 이 시의 출발이 되며, 이 행을 제외하고 화자는 끝까지 숨어버린다. 말하자면 사람은 자연의 경계에까지만 인도하는 안내자에 그친다. 둘째 행은 중장이나 종장 중 하나라고 할 만한데 율격은 종장이다. 그렇지만 한 수를 종결하는 종장은 될 수 없다. '들리는 소리'가 '보이지 않는 모습'에 안긴 문장으로 구성되어서는 시의의 종결을 보여주기에는 어색하다. 그래서 이 두 행은 하나의 연聯으로서 전체의 부분을 이룬다.

둘째 수는 율격에 구애되지 않고 보면 초중장이라고 할 수도 있고 중종장이라고도 할 수 있다. 앞수와 같이 초장에 화자의 행위를 배치해도, 종장에 다시 화자의 행위를 배치해도 구조적 완성은 마찬가지이기 때문이다. 그렇지만 이 시에서 마지막 행은 종장이다.

시제가 "산 위에 올라"이다. 일상의 장소인 산 아래를 떠난 산 위의 공간은 이미 사람의 세상이 아닌 자연이 주인이다. 잎사귀마다 맺힌 이슬은 그 자체로서 완성이지, 더 이상 아쉽다거나 위태롭다는 등 사람의 판단이 개입할 여지는 없다. 그런 의미에서 종장으로서 이 시 전체의 종결을 보여준다.

이쯤에서 왜 형식을 삼장이 아닌 양장으로 압축했는지 생각해 볼 만하다. 그것은 감각과 이미지의 놀라운 집중이다. 이 시의 작품 외적 시간과 공간은 상당히 길고 넓다. 안개에 싸일 정도로 높은 산, 그 산을 오르고 머무르는 긴 시간, 그 시공간에서 겪는 많은 일과 생각이 그것이다. 그런데 작품에서는 시간을 '안개가 쌌다가 걷는' 모습으로 보여주었으며, 사물은 새소리와 이슬방울로 단순화시켰다. 시행의 최소화는 이러한 생략의 효과를 극대화하는 효과를 잘 드러낸다. 이렇게 극적으로 축약된 세계를 나타내는 데 고시조의 3장이 가지는 논리적 구성은 너무 속도가 느리다.

그렇다고 해도 끝내 눌러둘 수만은 없는 의문이 여전히 남아 있다. 이렇게 그 자체로 완결된 양식을 왜 굳이 시조라고 하는가? 시조의 세 단위가 두 단위로 축약된 게 아니라 원래 두 단위로서 충분하지 않은가? 시조이기 때문에 뒷장의 율격을 조정했는가, 율격이 그러니 시조라고 하는가? 이런 여러 가지 의문은 대작가가 명명한 것이니 묵수해야 한다든지, 현대시조는 고시조와 어떻게든 달라야 한다든지 하는 무비판적인 태도로는 해소될 수 없을 것이다. 프로문학가들로부터 시조가 무차별적 공격을 받던 당시의 상황과, 그에 대응하여 시조가 결코 고답적이지만은 않다는 점을 확실하게 보여 주어야 했던 시조부흥론자들의 고뇌도 참작해서 그 정체성을 살펴야 한다. 굳이 시조의 범주에서 어색하게 다룰 일만이 아니라, 시조보다 더 압축된 하나의 정형으로 분류하는 것이 계승의 새로운 계기가 될 수도 있지 않을까?

제 2 장

노산 선생의 향기

하순희

 지난해 2016년 11월 27일 창신고 강당에서 있었던 제1회 노산시조문학상은 벅찬 감동을 안겨준 시간이었다.
 그동안 우리 경남은 물론 시조단의 오랜 숙원이 결실을 맺고 출범한 것이어서 더욱 뜻깊었다. 어려운 상황에서도 정재를 사회에 환원해준 1905년에 설립되어 112년의 역사를 지닌 향토기업 몽고식품 주식회사에도 마음으로부터 깊은 감사를 느꼈다. 축사에서 조민규 이사장님이 말씀하셨듯이 간장 한 병이 나오려면 적어도 반 년의 시간이 걸리는데 그렇게 어렵게 생산해서 이룬 재화를 뜻

깊은 일에 쾌척해 주시니 참으로 고마울 뿐이었다.

  물이나 술은 한 시간에 수백 병을 생산할 수도 있고 소비할 수도 있지만 간장은 생산에도 시간이 걸리지만 소비 역시 시간이 많이 걸리는 제품이다. 누가 간장을 물처럼 술처럼 단시간에 소비할 수 있는가! 때문에 더욱 고마웠고 앞으론 향토기업인 몽고간장을 많이 애용해야겠다는 생각을 가진 시간이기도 했다.

  꿈 많았던 단발머리 시절, 일찍 고향을 떠나 학교를 다녔던 나를 감싸주고 힘을 준, 음악시간에 배운 〈성불사의 밤〉은 오래도록 혼자만의 애창곡이 되어 쓸쓸한 마음을 달래 주었고 가고파와 〈고향생각〉, 〈사우〉, 〈옛 동산에 올라〉 등의 노래 역시 아름다운 가사들이 그러하였다. 친구들과 학교 앞 나무 아래서, 잔디밭에서 그 노래들을 흥얼거리면 마음이 차분해지고 안정이 되는 것 같았던 그 시간들이 지금도 그립게 남아 있다.

  지난 2012년 10월 경남시조시인협회회에서 노산 선생님의 탄신 109주년과 서거 30주기를 맞아 노산 이은상 시조선집 《가고파》를 낸 적이 있다.

  이 선집은 《노산시조집》(1932), 《노산시조선집》(1958), 《노산시문선》(1960), 《푸른 하늘의 뜻은》(1970), 《노산시조선》(1976), 《기원》(1982) 등의 시조집과 문집에서 대표적인 작품으로 가려 185편의 작품을 실었다. 거의 6개월여를 젊은이 못지않게, 밤낮을 가리지 않고 자료집을 복사하고 편집해주신 김교한 선생님의 크신 노고와 편집비를 분담해주신 여러 선생님께 지금도 감사를 드린다.

그 당시 노산 이은상 시조선집 《가고파》를 미국에서도 보내 달라고 하여 우송하였다. 이역만리 타향에서 이 시조선집을 받아들고 감격해서 여러 사람들이 모여 시낭송회를 하고 차를 나누고 〈가고파〉를 부르며 향수를 달랬다는 얘기를 듣고 마음이 뭉클하였다.

〈가고파〉는 오랜 세월이 흘러도 그리움을 달래주고 힘을 주는 노래의 대명사이다. 마음을 울리는 북소리로, 은은히 적셔주는 종소리로 우리 곁에 함께하고 있다.

제1회 노산시조문학상 시상식을 보며 앞으로 영원히 이어져 일상의 지치고 저린 마음을 어루어 주고 다시 일어설 희망을 주는 노산 선생님의 노랫말들의 향기가 영원히 같이하기를 염원해본다.

제 2 장

노산 선생의 옥중 시조

서일옥

 2016년 새해부터 관심을 끌었던 영화 '동주'는 한국인이 사랑하는 윤동주 시인의 이야기를 그렸다. 이름도, 언어도, 꿈도, 모든 것이 허락되지 않았던 일제강점기 한 집에서 태어나고 자란 동갑내기 외사촌지간 몽규와의 이야기들이 어둠 속에서 밝게 빛나던 한 점의 촛불처럼 가슴에 와 닿았다.
 1945년 2월 16일 새벽 27살이라는 젊은 나이로 일본 후쿠오카 형무소에서 외마디 비명을 지르고 생을 마감한 동주! 생체실험이라는 극악무도한 일제의 만행에 의해 생명이 끝나고 말았다는 생각에 닿으면 그가 남긴 시들이 더욱 마음을 처연하게 한다.

동주의 영화를 보면서 일본에게 온갖 만행을 당하면서 옥중에서 피맺힌 절규를 남긴 노산 이은상 선생의 시들이 생각났다.

노산 선생은 1938년 6월 일본군의 명칭을 아군, 황군으로 표기하는 것을 반대하고 조선일보를 사퇴한 후 백운산 광양에 이주하여 칩거했다. 이극로가 주도한 조선어사전 편찬회와 조선기념도서출판관 등을 통한 민족의식을 고취한 일에 동참한 것을 문제 삼아 1942년 12월 23일 평양에서 검거되어 홍원경찰서와 함흥교도소에 구금됐다가 1943년 9월 18일 기소유예로 석방되었다. 1945년 1월에 그 당시 전남 경찰부장과 그 부하 고등과장이 노산 선생을 광주로 소환하여 양일에 걸쳐 먼저는 일본 제국을 유세하라는 회유를 하였고 나중에는 재수감으로 위협했으나 거절하고 평양으로 돌아온 직후 1945년 2월 2일에 사상예비금속으로 광양경찰서 유치장에 재구금되어 8월 15일 해방과 더불어 석방되었다. 선생이 옥중에서 쓴 시조는 〈어머님께 드리는 편지〉〈ㄹ자〉(홍원 옥중에서) 〈공습〉(함흥 옥중에서) 〈해바라기〉(광양 옥중에서) 등 15편을 넘고 있다. 그가 쓴 당시의 옥중 시조 몇 편을 보자.

그림틀

북벽 창구멍은
우리 방 그림틀이오

어느 땐 구름송이
어느 땐 새도 날고
새벽만
달이 걸리면
그런 명화가 없다오

      —광양 옥중에서

공습

공습! 공습이다
옳아! 천벌이다
자다가 문득 일어
두 주먹 쥐고 비온 말이
'하느님 불을 내리소서
지옥 문을 살으소서'

해제! 그만 해제다
이리도 허망하리
목침을 도로 베고
누워 버리는 적막이여
어디서
기러기 소리라도

들렸으면 좋겠다.

　　　　　　　　　　—함흥 옥중에서

ㄹ자

평생을 배우고도
미처 다 못 배워
인제사 여기 와서
ㄹ(리을) 자를 배웁니다.
ㄹ(리을)자
받침 든 세 글자
자꾸 읽어 봅니다.

제 '말' 지키려다
제 '글' 지키려다
제 '얼' 붙안고
차마 놓지 못하다가
끌려와
ㄹ(리을)자같이 꼬부리고 앉았소.

　　　　　　　　　　—홍원 옥중에서

　일본은 당시 우리의 애국지사들에게 말할 수 없는 악랄하고 잔혹한 고문을 했다. 노산 이은상 선생도 몸과 마음이 지칠 대로 지쳐 좁디좁은 감옥에서 바깥세상을 그리워하며 구부리고 앉아 견디면서 이 시들을 지은 것이다. 이처럼 절명의 순간에서 남긴 시편들은 우리들 가슴에 피멍의 상처를 남겨 주고 있다.

제 2 장

작품마다 조국애 영원하리

이두애

작가에게 그의 작품 하나 기억되는 것만 해도 대단한 일이다. 귀에 익숙한 많은 작품을 남긴 노산 이은상 선생의 작품에 빠져들지 않을 수 없다. 특히 작품마다 조국을 사랑하고 염원하는 시세계는 누구도 따라올 사람이 없다. 조국을 위해 노래하고 작품 속에 조국과 자신은 하나인 것이 분명해 보인다. 탁월한 역사적 지식과 힘 있고 아름다운 문장으로 애국사상이 깊은 국토순례 기행문과 선열의 전기도 많이 남기셨다. 문학의 어떤 분야에도 굵직한 획을 그어 놓았다.

국토 분단된 민족 수난을 소재로 통일을 염원하고 민족 의지를 표현한 이 작품은 툭 치기만 해도 줄줄 외워지는 시이다.

고난의 운명을 지고 역사의 능선을 타고
이 밤도 허우적거리며 가야만 하는 겨레가 있다
고지가 바로 저긴데 예서 말수는 없다

교과서에서 배운 시조인데 세월이 많이 흐른 지금도 가슴 깊숙이 남아 있다. 〈고향 생각〉, 〈가고파〉, 〈성불사의 밤〉 등은 시조의 감미로운 서정성이 짙은 가곡으로 잘 알려져 있다. 〈옛 동산에 올라〉, 〈봄 처녀〉, 〈그리움〉 노래 역시 한번이라도 불러보지 않은 이는 없을 줄 안다. 현재 뿐만 아니라 미래에도 영원히 선생의 작품과 노래는 확산되고 소중히 다루어져야한다. 시가 분야에도 민요조의 리듬을 살린 〈새타령〉, 〈매화동〉, 〈조선의 꽃〉, 〈말몰이〉, 〈님 향한 생각이야〉, 〈남산에 올라〉 등을 발표하였다. 평론부문에서도 1925년《조선문단》에 게재된 〈시인 휘트만론〉, 〈터니슨의 사세시〉, 〈영시사강좌〉, 〈예술적 이념의 본연성〉 등 제목들만 보아도 그간의 사정을 잘 말해주고 있다.

선생은 경남 마산의 대표적 인물이다. 부친이 설립한 마산 창신학교 고등과를 졸업하고 1923년 연희전문학교 문과에서 수업하다가 일본 와세다대학 사학부에서 청강하였다. 아름다운 해안도시 마산에 그의 시조를 새긴 '가고파 노래비'가 세워져 있다. 친일이 아님이 분명한데 더 이상 친일 혐의의 이념 따윈 들고 일어나질 않았으면 한다. 헤아릴 수 없을 만큼 남겨진 작품은 탁월할 뿐, 친일 이념은 찾아볼 수 없지 않는가! 작품들은 시대별로 잘 정리되어 있어 조국을 반영한 현상이 기록된 역사물이 분명하다.

경남시조시인협회에서 주관하는 노산시조백일장이 매년 5월 열린다. 초등학생에서 일반부까지 참여해 현대시조 부흥에 노력하고 있다. 우수한 작품은 책으로 발간되고 일반인은 협회회원 자격을 부여한다. 선생의 작품과 업적을 조명해나가는 단체로서 학생들에게 산교육이 되는 행사이다. 노산 이은상 선생을 애국시인, 민족시인, 종교시인으로 칭한다. 시조의 현대화에 크게 공헌한 그 뜻을 이어나가는 것이 우리의 할 일이다. 주옥같은 작품이 빛나도록 아름답게 조명하는 것이다.

문학은 사회의 어떤 것도 반영되는 크나큰 정신세계이다. 선생의 뜻을 기리는 작은 것부터 실천하는 기반이 시급한 실정이다. 2016년은 노산 선생의 탄신 113주년을 맞이한다. 조국애가 담긴 선생의 작품을 다시 새겨본다. 시조와 민족의식 고취를 위해 정진하신 시조시인으로 존경을 표한다. 시조를 쓰는 한 사람으로 선생을 기리는 자리라면 빼놓지 않고 달려가서 시조부흥의 뜻을 이어가고 싶은 마음 간절하다.

—《경남시조》 33호 (2016)

제 3 장

노산 선생의 삶과 사유

제 3 장

노산의 고훈語訓
〈조국祖國으로 돌아오라〉

윤재근

28세의 노산鷺山이 위와 같이 간절히 밝힌 절규를 지금 우리가 납득하자면 1920~30년대 조선인朝鮮人의 처지를 돌이켜 보아야 한다. 침탈의 야욕이 구체적으로 드러나면서 일제 식민치하에서 조선의 지식층은 기생寄生하는 쪽으로 기울어져 조선인 소멸을 가속화하려는 술책에 말려들고 있던 상황을 노산은 묵과할 수 없었다. 〈조국으로 돌아오라〉이 절규는 노산의 자문화정신自文化精神으로서 일제강점기 동안 변함없이 관류貫流했고 광복 이후에는 조국애

祖國愛로 이어졌다.

　노산이 속해 있는 세대는 망국亡國과 일제강점이란 상황을 통해서 살펴보아야 하는 특수성을 갖는다. 그 때문에 그 세대의 업적은 저마다의 행적行蹟을 거쳐서 논의되고 논평되어야 한다. 그 세대의 행적은 두 갈래로 나누어진다. 주시경 - 한용운韓龍雲 등으로 대표되는 '항일抗日의 쪽'과 이광수 - 최남선 등으로 대표되는 '부일附日의 쪽'이 그 두 갈래이다. 그러므로 1920년대부터 1945년 광복 직전까지 일제하에서 각 분야 조선인 지도층의 업적은 당사자의 당시 행적을 전제로 엄격하게 평가되어야 하는 것이다. 대단한 업적을 이루었다 해도 그 당사자의 행적이 부일附日을 넘어 '친일의 쪽'이라면 논급論及할 가치가 없는 것이다.

　그러나 광복 직후에 친일의 과오마저 준엄하게 척결하지 못한 탓으로 부일의 행적을 덮어두고 업적만 앞세우는 반문화적反文化的 경우가 빈번해 왔다. 시조時調에서는 육당六堂의 《백팔번뇌百八煩惱》와 소설小說에서는 춘원春園의 《무정無情》을 한국근대문학의 출발점으로 삼자는 것이 우리 근대문학사의 상식처럼 되어 있는 경우가 그러한 사례에 속한다. 1940년대에서 광복 직전까지 춘원 - 육당의 행적을 돌이켜 보면 그들의 그 전前 업적이 아무리 대단하다 한들 자문화정신自文化精神의 관점에서는 무시無視될 본보기에 불과한 것이다. 우리를 송두리째 부정해버린 친일의 행적을 범한 당사자의 업적이 아무리 두드러진다 한들 그런 업적이란 '참慙한 것'에 불과하다. 왜 장반자기사참將叛者其辭慙이라 하는 것인가? 장차 배반하려는 자(將叛者)의 말(辭)은 부끄럽다(慙). '참慙'이란 마음을 끊게 하는 치욕恥辱이다.

1920년대까지만 하더라도 춘원 - 육당은 '조선朝鮮스러움 - 조선주의朝鮮主義'를 구구절절이 표방해서 당시 조선인朝鮮人의 자문화정신自文化精神을 북돋았다. 그러나 1930년대 중반부터 광복 직전까지 춘원은 변절하여 '내선일체內鮮一體'를 주창해 부일附日을 선도했고 육당 역시 돌변하여 '조선문화朝鮮文化'의 일본화를 주장해 귀속歸屬을 선동했으니 1920년대 전에 그들이 절절이 표방했던 '조선朝鮮스러움 - 조선주의朝鮮主義' 등의 말짓은 조선인朝鮮人을 속인 '참慙한 거짓말'이 되고 만 것이다. 춘원과 육당이 범한 문화적 반역의 행적을 전제로 한다면 그들의 업적은 언급의 대상조차 될 수 없는 것이다.

이처럼 국치國恥의 1910년부터 광복의 1945년까지 일제강점기에 걸쳐 반역으로 기울어져 가던 상황에서 조선 지식인들의 행적들을 상기할 때 노산의 처녀작《조선사화집朝鮮史話集》(1931년)은 항일의 기치였다. 노산은 항일의 뜻을 머리말 부분으로 교묘하게 드러냈다. 본래 머리말이란 필자 자신의 몫이다. 그런데《조선사화집》에는 세 사람의 머리말이 있다. 주요한朱耀翰의 〈서序〉, 권덕규權悳奎의 〈꼬투리〉, 노산의 〈서언弁言〉 등 셋으로《조선사화집》의 머리말은 이루어져 있다. 이런 머리말 구성의 사례는《조선사화집》이 유일무이할 것이다.

노산이 머리말 처리를 이렇게 한데에는 깊은 뜻이 숨어 있는 것이다. 권덕규로 항일 쪽을 드러내고 주요한으로 부일 쪽을 드러내는 속셈이 숨어 있다는 말이다. 주요한의 〈서序〉는 빈사賓辭에 불과하지만 권덕규께서 〈꼬투리〉란 낱말로 머리말을 삼은 것을 미루어 노산이 품었던 항일의 뜻을 간파했음을 말해준다. 항일의 뜻이 서려 있는《조선사화집》의 〈서언弁言〉 끝에다 청년 노산은 아래와 같이 간절하게 말해두었다.

  朝鮮史의 面目을 若干이나마 解得하고 同時에 그 淸潔한 趣味에 一助가 되며 그리하여 그 마음이 朝鮮으로 돌아오게 된다면 그우에 더 願할 것이 없겠습니다.

—《朝鮮史話集》弁言에서

  노산鷺山이 밝힌 '청결한 취미'는 일제치하를 이겨내지 못해 변절함은 '불결한 취미'라는 뜻이 서려 있는 외유내강外柔內剛의 언사言事인 동시에 '청결淸潔한 취미趣味'란 항일이란 속뜻을 담고 있음을 간과해서는 안 될 것이다. 동시에 노산이 절규한 '청결한 취미의 마음'은 '수방이토殊方異土 - 인성각이人性各異의 자문화정신自文化精神'을 잇고 있음을 주목하게 하는 것이다.

  노산은 평생에 걸쳐 46권의 저서를 남겼는데 그 모든 저서에는 '수방이토殊方異土-인성각이人性各異의 청결淸潔한 취미趣味'가 관류貫流하고 있다. 나라마다 삶의 방식을[方] 달리하고[殊] 땅도[土] 달라[異] 사람들의[人] 성질이[性] 나라마다[各] 다르다[異]는 지남指南은 고려 태조가 944년에 남긴 〈훈요십훈訓要十〉 중에서 네 번째에 있는 자문화정신自文化精神의 전법典法이다. 노산이 일생 동안 수방이토 殊方異土 - 인성각이人性各異의 자문화정신自文化精神을 저버린 적이 없음은 평생에 걸쳐 남긴 46권의 저서로 잘 드러나고 있다. 그러한 노산의 고훈誥訓은 특히 일제강점기에 보여준 노산의 행적을 통하여 더욱 빛난다. 망국亡國의 상황에서 노산이 일깨워 가르쳐준〔誥訓〕〈조국祖國으로 돌아오라〉는 항일의 행적을 제쳐두고 노산을 논의 - 평가해서는 안 되는 것이다. 〈조선의 산하 - 사람 - 말의 사랑〉으로 노산의 항일은 드러났다. 노산은 이러한 항일을 일제강점기 동안 줄곧 변함없이 실행했다. 이에 맞추어 노산께서 몸소 일깨워 준 〈조국으로 돌아오라〉는 일제강점기의 고훈誥訓을 새기려 한다.

일제강점기에 노산이 일깨워준 〈조국으로 돌아오라〉는 노산의 항일의 정신과 운동으로 풀이된다. 《조선사화집》(1931년) - 《노산시조집鷺山時調集》(1932년) 등의 저서를 통해서 잘 증명된다. 그리고 노산이 일제강점기 초부터 일제가 조선인朝鮮人의 소멸을 획책하고 있음을 직감했었다는 징후들을 두 저서가 잘 보여준다.

일제는 조선국토朝鮮國土의 측량을 서둘러 농지를 탈취하고 동시에 고을과 마을의 유구한 역사를 지우려고 촌락의 개명을 단행하여 지리와 민족의 문화적 유대를 절단냈다. 그리고 일제는 조선인朝은 미개하다면서 우리의 습속習俗과 신앙들을 모두 미신으로 몰아 타파해야 한다는 술책으로 우리의 얼을 지우고 대대로 물려받은 성씨를 폐하고 왜색倭色으로 창씨개명創氏改名을 도모했다. 이러한 일제의 술책에 앞서 나팔수 노릇했던 부일附日-친일親日 무리의 망언妄言들이 난무했다. 노산이 남긴 자문화정신의 고훈誥訓을 뼈저리게 새기자면 친일 무리의 망언을 먼저 떠올려 보아야 하는 것이다.

    조선인 문인 내지 문화인의 심적 신체제의 목적은 첫째로 자기를 일본화하고 둘째로는 조선인 전부를 일본화하는 일에 전 심력心力을 바치고 셋째로는 일본의 문화를 앙양하고 세계에 발양하는 문화전선의 병사가 됨에 있다. 조선 문화의 장래는 여기에 있는 것이다. 이러기 위하여 조선인은 그 민족감정과 전통의 발전적 해소를 단행할 것이다. 이 발전적 해소를 가리켜서 내선일체內鮮一體라고 하는 것이라고 믿는다.
    ―李光洙, 〈心的新體制와 朝鮮文化의 進路〉每新, 1940. 9. 4日字

위와 같은 춘원의 망언妄言을 떠올린다면 노산鷺山이《조선사화집朝鮮史話集》에서〈조선朝鮮으로 돌아오라〉한 밝힘이 항일의 외침이었음을 새삼 뼈저릴 것이고 청년 노산이 왜《조선사화집》을 1931년에 묶어냈는지 그 속뜻을 헤아릴 수 있는 것이다.

일제강점기에 노산이 일깨워준 '조선朝鮮말사랑' 역시 다름 아닌〈조국으로 돌아오라〉는 항일운동抗日運動이다. 물론 노산의 모국어 사랑은 은사恩師인 한뫼桓山 이윤재李允宰 선생의 뜻과 같다고 볼 수 있다. 3·1운동에 가담해 3년의 옥고獄苦를 치렀고 조선어학회 사건으로 모진 고문 끝에 1943년 옥사獄死한 환산桓山 선생을 추앙推仰했던 노산鷺山은 〈조선어사전〉 편찬위원으로 사회경력社會經歷을 시작했다. 《조선사화집》에 이어서 출간된 《노산시조집鷺山時調集》(1932년)은 조선산하 – 조선인 – 조선어의 사랑을 노래한 항일운동의 시조집이다. 노산은 아버지의 등에 업혀서 시조의 음영吟詠을 듣고 자랐음을 그 머리말에서 밝히고 있다. 이런 노산이기에 누구보다도 먼저 조선말을 말살시키려는 일제의 책략을 직감할 수 있었던 것으로 보인다. 노산의 시조문학을 평가할 때는 노산의 시조정신이 시조를 애국애족愛國愛族의 시가詩歌로 일구었고 항일抗日의 뜻을 담아 근대시조를 추구했음을 간과해서는 안 된다. 이렇기 때문에 《노산시조집》은 1928년에 출간된 육당의 《반팔번뇌百八煩惱》와는 그 존재의 까닭이 판이한 셈이다. 육당의 《반팔번뇌》를 두고 근대시조의 효시嚆矢라고 일컫는 경우가 빈번한데 이는 부끄러운 짓이다. 자문화정신自文化精神의 관점에서 본다면 삭제되어야 할 것이 어찌 근대시조의 효시가 될 수 있을 것인가. 《노산시조집》을 근대시조의 첫발로 삼음이 당연하고 마땅함을 헤아리자면 《노산시조집》이 출간된 당시의 상황을 되돌아보아야 할 것이다. 일제강점 20년을 넘자 조선의 지식층은 조선어를 기피하고 일본어를 일상어로 삼듯이 했고 모든 학교에서는 조선말을 하면 체벌을 당하는 지경에 이르게 되어 지식층부터 조선말 하기를 부끄럽게 여기게 되었다. 조선말은 부일附日의 지식층에 의해서 배척당하고 있었다.

朝鮮語는 최근 朝鮮의 文化人들에게는 문화의 遺産이라기보다는 차라리 고민의 種子이었다. 이 고민의 껍질을 깨뜨리지 못하는 한 우리들의 文化的 創造力은 精神의 囚人이 될 뿐인 것이다.

―崔載瑞,〈편집후기〉《國民文學》1942, 5-6合本)

조선어朝鮮語로 된 모든 간행물을 금지함과 동시에 조선어 창작 활동을 방지할 목적을 두고 주로 일본어日本語 작품을 발표하게 한 《국민문학國民文學》이 1941년 11월에 등장했고 그 주간主幹을 최재서崔載瑞가 맡았다. 우리말(朝鮮語)을 죄의 종자種子라고 능멸하는 부일附日의 광란 속에서 노산이 감행한 《노산문선鷺山文選》(1942년)의 출판을 주목하면서 〈조국으로 돌아오라〉는 노산의 고훈詁訓을 살펴야 할 것이다. 그리고 조선어학회사건朝鮮語學會事件으로 1942년 10월에서 1943년 9월까지 구금拘禁되었다가 기소유예로 석방되었고 사상예비검속思想豫備檢束으로 구금되었다가 광복을 맞아 출옥한 유일한 시조인時調人이 곧 노산이니 망국의 상황에서 시가정신詩歌精神의 사명을 간파하게 하는 것 역시 노산이 물려준 고훈詁訓일 것이다. 이제 28세에 '청결淸潔한 취미趣味의 마음이 조선으로 돌아오라'고 절규했던 노산의 항일정신이 광복을 맞을 때까지 시종여일始終如一했음을 돌이켜 본다면 노산께서 남겨준 고훈詁訓이란 '겨레와 나라와 모국어가 왜 하나인가'를 우리에게 일깨워준 항일의 정신을 펼친 운동이었음을 지금 우리가 잊을 수 없는 것이다. 동시에 노산의 행적과 업적은 '수방이토殊方異土 – 인성각이人性各異

의 자문화정신自文化精神'을 몸소 실행하였음을 말해준 것이고 노산의 시가정신詩歌精神이 그 참모습을 보여준다. 이렇듯 노산의 고훈誥訓은 자문화정신을 바탕으로 사유思惟하고 행동하라고 일깨워준다.

―노산 이은상 선생 문학심포지엄(2011. 5. 17)

제 3 장

노산 문학과 얼·말·글 정신

이근배

노산문학 어디에서 왔는가

한 나라의 정체성은 민족의 정체성에서 비롯되고 민족의 정체성은 오랜 역사와 문화에 뿌리를 두고 있으며 문화의 정체성은 그 민족의 얼·말·글에서 꽃피고 열매를 맺는 것입니다. 우리 민족은 단일민족으로서 인류의 언어 가운데 가장 우수한 언어, 인류의 문자 가운데 가장 과학적이고 이상적인 문자를 가지고 있습니다. 이 하나의 언어와 하나의 문자는 곧 민족얼의 그릇입니다.

지난 반세기 우리 민족은 참으로 혹독한 시련의 시기였습니다. 20세기가 밝아오면서 일제에 의해 국권을 강탈당하고 한국어와 한글이 매장되는 민족붕괴의 위기에 직면하게 되었습니다. 이 절체절명의 시기에 수많은 애국열사들이 항일독립투쟁에 횃불을 올리고 목숨을 바쳐 싸웠으며 문학인들은 붓을 칼로 삼아 민족의 얼·말·글을 지키고 일으켜 세우는 일에 나섰습니다.

그러나 오직 노산鷺山 이은상李殷相 선생만이 얼·말·글의 사상을 천명하고 몸바쳐 실천하신 것을 당대에나 한 세기가 지난 오늘에도 높이 받들고 선양하는 일을 학계나 문학계에서 볼 수 없었던 것은 안타깝기 그지없습니다.

노산 선생은 한 분의 위대한 시인일 뿐 아니라 민족의 얼·말·글 사상을 주창한 사상가이며 그 혼불을 이 겨레의 가슴에 불붙여준 백세의 스승입니다. 그러므로 노산문학의 진수는 얼·말·글이며 이를 바탕에 두지 않고 노산 선생의 문학과 사상, 그리고 생애를 논의하는 일은 무의미한 공론이 될 뿐입니다.

왜 시조시인인가

신문학 초기에 대다수의 문학인들은 시, 시조, 소설, 수필, 평론 등 장르를 넘어서 다양하게 창작을 했었습니다. 노산 선생에게도 시인, 수필가, 국문학자, 역사학자 등의 이름이 따르지만 선생은 단연코 겨레 시인 시조의 현대화 중흥에 높은 봉우리를 세운 "시조시인"이십니다.

"내가 소학교를 마칠 때까지도 아버지께서는 나를 업으시고 황혼이면 뜰 앞 나무 밑을 거니시었습니다. 그리고는 늘 고인古人의 시조를 읊으시었습니다" 1932년 3월 29일자로 쓴 《노산시조집》 서문에서 시조를 짓게 된 첫머리를 이렇게 밝혔습니다. 그리고 38년 뒤인 1970년 6월 1일자로 쓴 시조집 《푸른 하늘의 뜻은》 서문에서 "이미 60년을 헤아리는 신문학의 출발과 함께 (내 전통의 것을 도로 찾는다)는 표어 밑에서 움직였던 새시조운동은 그것의 성격이 일제의 정신침략에 항쟁하는 민족운동의 일환으로 설명될 수도 있는 점에서 그것의 문학사적 의의는 자못 컸던 것"이라고 시조가 문학을 넘어서 나라 찾기와 겨레 살리기의 정신을 펴기 위한 것이었음을 천명하고 있습니다. 개화기 이후 신시조와 신시의 남상濫觴이었던 최남선崔南善의 뒤를 이어 당대의 문학인들이 거의 시조창작에 붓을 들었으나 자유시와 소설, 평론 쪽으로 가고 시조시인으로서 외길을 걷기는 노산 선생이 앞섰던 것입니다.

《노산시조집》에는 〈가고파〉 10수를 비롯해 금강산에 가서 노래한 〈금강행〉만 해도 49편에 100수에 가까운 시조가 수록되었습니다. 전통적이면서 오직 하나뿐인 시조는 7백 년 역사를 뻗어 내리다 노산이라는 큰 봉우리를 만나서 비로소 현대적 계승을 이루고 인류 앞에 영원히 드러낼 한국시의 위상을 높이 세우게 되었습니다.

시조의 부활과 중흥에도 일찍 붓을 들어 1928년 《시조문제소론》에서 "〈시조의 부활〉이라 하는 것은 시조형으로 창작할 줄을 망각하고 있던 것으로부터 다시 그 형型을 사용하게 되었다, 하는 말과 같은 의미"라고 시조형식의 부활을 주창했고 1932년 〈시조창작의 문제 - 내용, 용어, 형식 등〉에서 "시조의 형식은 정형定型이면서 비정형非定型이요, 비정형이면서 정형이다. 그러므로 구속을 받으면서 자유롭고 자유로우면서 구속을 받는다"고 누구도 정의하지 않은 시조형식의 적확한 파악과 함께 새로운 논리를 제시하였습니다.

그리고 양장兩章시조와 사장四章시조로의 형식의 변형도 논리의 전개와 함께 창작을 시도함으로써 조선조 후기에 자연발생적으로 나타난 엇시조, 사설시조와 함께 그 타당성과 가능성을 보여주기도 하였습니다. 한국문학사에 문재가 가장 으뜸이라는데 이의가 없는 노산 선생이 서구문학의 조류에 급물살을 탔던 자유시나 소설을 돌아보지 않고 시조의 계승과 중흥에 전념한 것은 한국시문학사뿐만 아니라 한국문학사, 나아가서 민족사의 큰 축복이 아닐 수 없습니다.

노산의 시조가 있어 한국시가 있고 모국어의 찬란한 개화가 있었던 것입니다.

얼·말·글은 무엇인가

평생을 배우고도 미쳐 다 못배워

인제사 여기와서

ㄹ(리을)자를 배웁니다

ㄹ(리을)자 받침 든 세 글자

자꾸 읽어 봅니다

제〈말〉을 지키려다

제〈글〉을 지키려다

제〈얼〉 붙안고 차마 놓지 못하다가

끌려와

ㄹ(리을)자 같이 꼬부리고 앉았소.

―〈ㄹ자〉 전문

1942년 조선어학회 사건으로 검거되어 흥원경찰서, 함흥형무소, 광양경찰서 등에서 옥고와 모진 고초를 당하면서 지으신 〈옥중음〉입니다.

시조 아닌 다른 형식의 시(글)를 쓰실 수도 있으련만 〈ㄹ〉자 하나로 얼·말·글이 무엇이며 왜 그것을 배우고 지켜야 하는가를 시조의 절창으로 낳고 있습니다.

또한 "민족의 정신이 빠져나가면 죽는다. 제 나라 말과 글을 잃어버리면 죽는 것이다"고 노산 선생은 한국인의 정체성은 얼, 말, 글을 사랑하고 존경하고 실천해야 한다고 거듭 천명하고 스스로 얼, 말, 글 정신을 구현하고 선양하는 시조와 수필과 기행문과 연설문을 쓰셨습니다.

"전통이란 역사의 혈관을 통해서 내려오는 그 민족의 생명의 요소를 말하는 것이다"라고 역사와 전통, 문화와 문학에서 얼, 말, 글이 곧 혈관이요 생명임을 들려줍니다. 이것은 바로 노산문학의 정수요, 정신이요, 결과물인 것입니다. 그러면 노산선생은 왜 얼, 말, 글을 그의 문학 뿐 아니라 민족적 삶의 살과 피와 뼈로 삼고 있는 것일까?

한 시인의 탄생은 그를 낳아준 시간과 공간, 곧 그 시대와 국가와 역사적 배경이 모태인 것입니다. 노산 선생이 두 살 때 을사늑약이 있었고 일곱 살 때 한일합방으로 나라를 잃게 되었습니다. 선각자인 부친에게서 시조를 들으며 깨우친 것은 민족의 얼, 말, 글을 잃지 않아야 나라를 다시 찾을 수 있고 그것을 잃으면 나라와 겨레와 목숨까지도 잃는다는 것을 마음속 깊이 새겼을 것입니다.

감방에서 광복을 맞았으면서도 나라를 되찾은 감격과 기쁨은 잠시, 국토는 분단되고 좌우의 충돌이 끊이지 않더니 동족상쟁이 일어나 무수한 목숨이 죽어가고 피 흘리고 산하는 폐허가 되는 것을 몸소 겪고 보아야 했습니다. 그래서 노산 시의 큰 주제는 "조국"이었습니다. 이 땅의 많은 시인들이 나라를 빼앗기고 동족상쟁의 참화를 겪었으면서도 노산만큼 조국을 끌어안고 통곡으로 지새우며 노래한 시인은 없었습니다.

    쓸개보다 더 쓴 잔 물고
    참으라 거듭 참으라
    새날이 찾아올 때 너랑 같이 맞아야 한다.
    조국아!
    내 불타는 사랑
    오직 너밖에 또 뉘게 주랴

위의 시는 – 1950년 섣달 그믐밤, 부산 피난민 천막 – 에서 쓴 〈조국아〉 10수의 시조 중 마지막 수입니다. 북한군의 남침으로 국토의 끝 부산으로 쫓겨 와서 동족들이 쓰러져 주검의 산, 피의 강을 이루는 것을 보면서 온몸 울며 한 글자씩 새겨 나갔을 것입니다. "조국아! 내 불타는 사랑 오직 너밖에 또 뉘게 주랴"가 열 번씩 후렴으로 되뇌어지는 이 시는 세계 어느 시인의 애국시도 따를 수 없는 최고의 절창이요, 이 겨레 두고두고 가슴에 새길 나라사랑의 경전인 것입니다.

    넘어지고 깨어지고 라도
    한 조각 심장만 남거들랑
    부둥켜안고 가야만 하는 겨레가 있다
    새는 날 피 속에 웃는 모습
    다시 한 번 보고 싶다

우리가 애송하는 〈고지가 바로 저긴데〉에서도 "한 조각 심장만 남거들랑"하고 절체절명의 나라사랑이 천둥처럼 울립니다.

>나는 가난한 사람
>그러나 나는 가멸한 사람
>누가 날 가난 하다는고
>내 가슴 속은 보지 못하고
>
>내게는
>보배가 있다
>나의 조국
>나의 시.

시조집 《푸른 하늘의 뜻은》의 서시 〈나의 조국 나의 시〉는 1070년 3·1절에 썼다고 밝혔습니다. 시집의 서시를 쓰는 날도 3월 1일을 기려서 할 만큼 그에게 시는 조국이요 조국은 곧 그의 삶이었습니다. 어찌 저 백두대간보다 더 장엄하고 한강, 낙동강보다 더 우렁찬 노산 선생의 나라사랑의 시며 정신을 이루 헤아리리요.

노산문학은 곧 시조이고 시조는 곧 얼, 말, 글입니다. 노산 선생은 시조가 우리 민족의 정체성을 담아내는 산이요 강임을 주옥같은 시편들로 말해주고 있습니다.

항일 민족시인 노산 문학의 고향 마산

　노산鷺山 이은상李殷相 선생은 지난 한 세기를 통틀어 이 겨레의 모국어와 글자로 이 겨레의 얼과 삶의 터전인 백두대간을 영혼의 먹물을 찍어 시로 쓰고 노래한 가장 위대한 시인입니다. 선생은 20세기의 여명이 트던 1903년 이곳 마산에서 일찍이 민족의 내일을 걱정하며 민족교육에 헌신하신 교육가 이승규李承奎 공의 차남으로 태어나시어 부친이 설립한 사립 창신학교에서 고등과를 마칠 때까지 마산의 햇빛과 바람, 산과 바다를 가슴에 담으며 고향과 조국 강산을 노래하는 시심을 키웠습니다.

　선생의 아호인 '노산'은 여기 노비산鷺飛山에서 따온 것이며 처음 글을 쓸 때부터 일생 동안 '노산'만을 고집해온 것을 보면 고향 마산을 가슴에 두고 생각을 익히고 시를 쓰고 조국을 노래했음을 미루어 알 수 있습니다. 선생의 시 속에 고향이 들어 있지 않은 것이 없지만 이 겨레가 다 함께 부르고 먼 훗날까지도 길이 불릴 〈가고파〉는 바다가 없는 고장에서 태어나고 자라난 사람들에게도 〈가고파〉의 고향 마산을 마음속으로 그리게 됩니다.

　신문학의 선구자이고 나라를 잃은 백성들이 우러르던 정신적 지주였던 육당六堂, 춘원春園 등이 일제에 무릎을 꿇고 민족을 저버릴 때 노산 선생은 《조선어사전》을 편찬하다 옥고를 치렀으며 조국 광복마저도 예비검속으로 광양경찰서의 감방에서 맞았습니다.

　열아홉이던 1922년 〈아버님 여의고〉, 〈꿈을 깬 뒤〉를 발표한 이후 비로소 겨레의 시 시조를 본격적으로 계승 발전시켜 현대시조의 새 물길을 여는 한편 일제가 땅에 묻으려는 역사를 널리 알리고자 《조선사화집》(1931년)을 《노산시조집》(1932년)에 앞서 발간했으며 국토를 지키기 위해 백두에서 한라까지 걸어 다니며 명문의 기행문을 써서 《묘향산유기》《탐라기행》 등을 펴내기도 하였습니다.

저 엄혹한 강점기에 눈을 부릅뜨고 덤벼드는 핍박과 강압의 맨 앞자리에서 온갖 고초를 겪었음에도 선생은 오히려 꿋꿋하게 붓대를 곧추세우고 겨레에게 얼을 심어주고 글을 쓰게 하면서 당대의 지식인, 문인, 학자들이 거의 친일의 오명을 뒤집어쓸 때 한 점 부끄러운 글자도 적지 않았으며 어느 한곳에도 이름을 빌려주지 않았습니다.

흔히 민족문학을 말하고 민족시인이라 이름을 붙이고들 있지만 노산 선생만큼 민족문학을 바로 한 분을 찾기 어려우며 또한 노산 선생에 앞서 민족시인이라는 이름을 붙일 시인은 따로 없다 할 것입니다. 선생의 얼, 말, 글 정신은 문학 안에서뿐 아니라 우리 민족이 영원히 받들고 나가야 할 이정표입니다.

—노산 이은상 선생 문학심포지엄(2011. 5. 17)

제 3 장

경남지역의 문인 등단 50주년 기록자들, 이은상

강희근

 필자의 등단 50주년 행사에 즈음하여 우리 경남지역 출신 문인들 중에서 등단 50주년을 기록한 분들을 찾아볼까 한다. 경남지역 현대문인의 제일 앞자리는 노산 이은상(1903~1982) 시조시인이다. 그의 등단 기점을 잡는 데는 어려움이 있다. 1921년 두우성이라는 필명으로 《아성》 4호에 〈혈조〉라는 시를 발표했고, 1922년에는 〈아버님을 여의고〉, 〈꿈을 깬 뒤〉 등을 발표한 바 있고, 1924년 《조선문단》에 이르러 본격적인 활동을 펴기 시작했다.

문단 등단 무렵의 이력사항을 살펴볼 필요가 있다. 그는 1918년 (16세)에 아버지가 설립한 마산 창신학교 고등과를 졸업하고 1923년(21세)에 연희전문문과에서 수업했다. 그러다가 1925~27년에 일본 와세다대학 사학부에서 청강했다. 그런 과정을 보면 1922년에 등단한 것으로 보는 것은 무리로 보인다. 아직 연희전문 문과 수학 이전이고 또 양주동 박사와의 일본 와세다 시절의 습작 이야기를 감안한다면 1924년 《조선문단》을 등단지로 보는 것이 합당하다 여겨진다. 1924년에 데뷔하여 1982년에 돌아갔으니까 만80세에 타계한 셈이고 등단은 58년을 기록한 것이 된다.

이은상은 이 58년 동안 호는 '노산'으로 필명은 '남천', '강산유인', '두우성' 등으로 활동했다. 1931년 이화여자전문대학 교수를 지냈고, 동아일보 기자, 《신가정》 편집장, 조선일보사 출판국 주간 등을 역임했다. 1942년 조선어학회사건에 연루되어 흥원경찰서와 함흥형무소에 구금되었다가 이듬해 기소유예로 풀려났다. 그는 이어 1945년 사상범 예비검속으로 광양경찰서 유치 중에 광복으로 해금되었다. 광복 후 이충무공 기념사업회 이사장, 안중근의사 숭모회장, 민족문화협회장, 독립운동사 편찬위원장, 세종대왕기념사업회 이사, 문화보호협회 이사 등을 역임하였다.

그의 작품은 가곡에 실리는 행운을 얻어 명성이 작품 이상으로 돋보인다는 평을 받기도 했다. 〈가고파〉, 〈성불사〉, 〈봄처녀〉, 〈옛 동산에 올라〉 등 많은 작품이 입과 입을 통해 애창되어 오고 있다.

김복근의 〈노산문학관과 은상이 샘에 대한 리포터〉에 테너 엄정행의 이야기를 옮겨 놓고 있는데, 얼마나 〈가고파〉가 이국동포에게까지 애창이 되고 있는가를 확인할 수 있는 사례다.

"나는 미국 첫 공연으로 노산 선생의 가고파 10절을 완창했습니다. 맨 앞줄에 있는 분들부터 박수를 치기 시작했습니다. 나는 노래가 시원찮아 끝내고 가라는 뜻인 줄 알았습니다. 박수는 이어졌습니다. 5백여 청중이 일어나 기립박수를 5분가량이나 계속하여 쳐 주었습니다…."

필자는 이은상 시인을 생애 단 한 번 만나뵐 수 있었다. 1970년 진주문협 총무 시절 개천예술제 학술강연으로 초청된 이은상 시인을 여관에서 강연장인 경상대 칠암캠퍼스 강당까지 안내하는 역할을 맡아 H여관으로 갔었다. 선생의 첫인상은 참으로 후덕해 보였다. 이날 노산 선생은 민족정신을 주제로 강연했는데, 제 민족을 제 민족으로 가릴 때 민족은 비로소 세계에 으뜸이 되는 것이라는 요지로 만장의 박수를 받았다.

제 3 장

고향을 내세우지는 못할망정

오하룡

 지금은 그의 호 '백수'에 걸맞게 백수百壽를 눈앞에 두고 계신 우리 시조시단의 원로 백수白水 정완영 선생께서 오래전에 마산문협 초청으로 강연을 왔을 때의 일이다.

 평소 노산 선생을 좋아하는 정 선생께서 "노산을 배출한 마산역에 첫발을 디딜 때 〈가고파〉가 흘러나온다면 얼마나 좋겠느냐. 마산 문인들이 앞장서 보라."고 하는 것이었다. 그러면서 "외국 어느 지방을 여행했는데 역에 내리자 그곳의 유명 문인의 가곡을 틀어 주어서 감동한 적이 있다."는 부연 설명을 곁들여 주었다.

그때는 필자도 마산에 자리 잡은 지 얼마 되지 않아 그 말뜻을 언뜻 제대로 이해를 못했을 뿐만 아니라 "좋은 말씀이니 그것쯤의 실천이야 쉬운 일이 아닐까." 하고 혼자 생각했었다.

그런데 그게 쉬운 일이 아니었다. 그때 이미 마산의 저변에는 노산에 대한 약간의 기피 증상이 있었던 것을 알지 못했던 것이다. 그 구체적인 이유가 지금 일부 시민단체가 반 노산 기치를 들고 핏대를 세우는 그런 것임을 훨씬 후에야 알았다. 그것은 2000년대 들어 노산문학관을 세우면 지원해 주겠다는 정부의 약속이 떨어지면서 부각되기 시작하였다.

정부 입장에서는 전국적으로 잘 알려진 노산 이은상 선생 정도의 문학관 지원이면 해당 지역의 대환영을 받으며 진행되리라고 여겼을 것이다. 지역의 대 환영이면 그 사업을 시행하는 정부 입장에서도 칭찬받는 사업으로 좋은 점수로 이어질 것은 불문가지였다.

그런데 그 사업은 지극히 순조롭지 못했다. 순조롭지 못했을 뿐만 아니라 한차례 반납하는 소동이 있은 후, 이미 예산은 결정된 것이므로 노산문학관이 아닌 다른 이름으로도 상관 않는다는 답변을 듣고 다시 받아 끝내 마산문학관으로 지어지는 결과가 되고 말았다.

되고 만 것이 아니라 그나마 마산문학관으로 남았으니 지역으로선 수확은 있은 셈이다. 노산이라는 걸출한 문인이 왜 자신의 고향 마산에서 이처럼 수난을 겪는 것인가. 이 순진한 문사는 이해가 되지 않았다.

  가곡 〈가고파〉 1편만 하여도 보통이 아닌데 〈성불사〉, 〈사우〉, 〈고향 생각〉, 〈그 집 앞〉 등 흥얼거리는 것만 하여도 얼마나 주옥 같은 가곡이 많은가. 거기다가 곡이 붙지 않은 문학작품은 또 어떤가. 그뿐인가. 그의 많은 기행문과 논설, 수필 등 산문은 또 어떤가. 누가 도대체 이런 우리 지역의 뛰어난 문인을 백안시한다는 말인가.

  노산문학관 건립 안이 나오면서 구체적으로 드러난 문제점이란 게, 노산 선생과 관련 없는 친일혐의가 첫 번째이고 두 번째가 3·15의거 폄훼 표현, 세 번째가 친독재 참여를 통한 양지를 지향하는, 소위 그들이 주창하는 대로라면 '양지 지향의 기회주의적 삶'이었다.

  살펴보니 첫 번째의 '친일'은 허구였고, 두 번째의 '3·15 폄훼'는 당시 상황을 걱정한 언급 그 이상도 그 이하도 아니었다. 세 번째 것도 국민이면 누구에게나 자유롭게 허용된 정치적 신념 그것이었다. 더군다나 '기회주의적 삶'이라니? 이건 무슨 말인가. 사람은 기본적으로 생존 자체가 양지 지향적이지, 일부러 햇빛이 들지 않는 음지만 찾는 삶이란 있을 수 없는 것이 아닌가.

  그러니까 일제와 독재의 난국을 거치면서 희생하는 모습이 보이지 않는다는 반어적 표현쯤이라는 걸 짐작하지 못하는 바 아니다. 그런데 왜 노산 선생에게 유독 이런 잣대를 대는가. 우리가 볼 때 노산 선생은 일제 때 조선어학회 사건으로 충분히 고초를 겪었고 그 무엇보다 문학으로 자신의 역할을 다했다고 보는데 이렇게 보는 시각이 잘못되었는가?

　지금 논란을 빚고 있는 마산역의 '가고파 시비' 건립은 순수한 노산 선생 애호가인 허인수 마산역장의 아이디어에서 나왔다. 거기에 남마산로터리클럽의 후원이 곁들여져 결실이 된 것이다. 그런데 일부 시민단체가 자기 고향 상처 내기에 골몰하는 것을 지켜보자니 기가 찰 노릇이다.

제 3 장

노산의 인간성에 머리 숙이며

홍진기

　사람 되고 시 쓰라는 말을 나는 좋아한다. 내 허물 덮고 남의 흉 보는 참 우습고 가소로운 말머리다. 그러나 그 말만 떼어놓고 본다면 조금도 틀린 말이라고 밀어붙일 수만은 없을 것이다. 알게 모르게 그 글엔 그 사람됨이 배어 있기 마련이니.

　노산 선생의 시를 읽다가 선생의 가슴속을 들여다보자는 생각을 한다. 무애 양주동 선생께서 강의 시간을 한 쪽 떼어내어 노산 선생과의 인연을 열강(?)하신 내용을 되짚어 선생의 저서《문주반생기文酒半生記》에 기대면서, 그로나마 생전에 뵙지 못한 애석을 풀어

가며 큰 어른들의 도타운 우정에만 떨리는 붓대를 꽂을 생각이다.

題詞 五首
―〈노산 시조선〉에 부쳐

東都 찬 旅舍에 한 이불 밑 잠들었고,

세 끼니 밥 한 상을 둘이 갈라 먹었도다.
지금에 어느 우정이 이만하다 할쏘냐.

동갑, 그대와 나와 뉘야 더욱 재주런고?

한 걸음 앞섰다고 노상 위라 뽐내다가,
오요요 구름 부른 날 내 못 및다 하니라.

―1·2수

＊및다 : 미치다의 준말.

    동경 하숙집에서 밥 한 그릇으로 둘이 나눠먹던 배고프던 시절에 얽힌 도타운 우정을 잊을 수가 없었던 무애 선생이 노산 선생을 회억하는 시다. 이 하나만으로 나는 노산 선생의 인간성을 다 읽었다고 생각한다. 해동 천재로 자부하시던 무애 선생이지만 노산 선생의 시조 〈구름〉을 읽고 '오불급야吾不及也(내가 도저히 따를 수가 없구나)'라 칭탄하며 시재를 인가印可한다는 두 분의 일화 또한 가슴 따뜻한 사람 냄새 풍겨옴을 금치 못한 바이거니와 노산 선생의 삶에 대한 체온은 무론毋論 시조의 경지 또한 아득함을 더해주고도 남는 바 있다.

이야기를 천재 두 어른의 젊었던 시절로 돌려보자. 거기서 거듭 노산 선생의 사람다운 사람의 따습한 가슴 한 쪽만이라도 들여다 보고 나가자.

두 분이 처음 만난 곳은 《조선문단》사 춘해 방인근 집에서라 했다. 이후, 동경에서 재회했을 때 무애 선생은 학자금에 궁하여 숙식이 난처해, 노산 선생의 하숙에 곁들어 지내게 되었다. 그때 '노산은 역사서를 탐독하는 중이었다'고 무애 선생은 회고하셨다. 둘이 숙식을 몇 달 동안 같이했다면 간단히 들릴는지 모르지만, 거기엔 우스운 장면과 감격의 사연이 있다.

> 방세를 낸 하숙에 친구가 같이 자는 것쯤은 문제가 없었으나, 식사는? 식사는 처음 거리의 식당에 가서 따로 사 먹었는데, 식비 40전에 궁한 때가 있어, 하루에 1·2식쯤 한상을 둘이 갈라 먹기로 하였는데, 일본의 식량이 워낙 적기 때문에 한 그릇의 밥이 1인분으로도 부족한 터이나, 요행 노산의 식량이 그리 크지 않아, 둘이 반 그릇씩을 먹어도 과히 시장치는 않았다. 그러나 문제는 오히려 다른데 있었다. 이 일을 하숙 주인이 알면 무료 식객인 나를 백안시할

것은 물론이려니와, 조선 유학생 두 사람의 체면을 손損함(떨어뜨림)이 클 것 같아, 그래 우리는 밥 한 상의 분식을 그들에게 숨겨 비식으로 하기로 작정했다. 하녀가 밥상을 들고 층계로 올라오면, 나는 슬그머니 미리 준비하여 둔 저로 대기한다. 그녀가 밥상을 놓고 내려간 뒤에 우리는 재빨리 분식을 실천한다. 그런데 어렵슈, 중간에 하녀가 차인가 뭔가를 날라 오느라고 또 층계를 올라오는 발자국 소리가 쿵쿵 울려오지 않는가! 나는 일단 저를 수습하고 입안의 지체물을 얼른 처리하고 나서, 밥상에서 약간 떨어진 채 몸을 직각으로 돌려 남향좌南向坐, 열린 창을 향하여 무릎을 안고 느닷없이 미음微吟(중얼중얼 시를 읊음)한다.

    노산과의 몇 달 동거는 이 밖에도 몇 가지 우스운 회상을 짝한다. 첫째는 그의 아호. 그의 처음 호는 이공耳公(춘원이 지음)이라 했는데, 그 단구 풍모에 귀가 유난히 두텁고 컸다. 내가 그 호를 야유적이라 하여 쓰지 말라 하였더니, 대신 지어 달라 하기로, 그의 고향 뒷산 노비산鷺飛山에 좇아 노산이 어떠냐 했더니, 그 뒤로 그가 줄곧 이 호를 써왔다.

이로써 나는 노산 선생의 범상에서 벗어난 호연지기浩然之氣와 천성의 티 없고 얼 하나 없는 순수와, 맑으면서 사람에 대한 신뢰와 우정 깊음과, 인간적 체온에 다시 한 번 머리를 조아릴 수밖에 없음을······.

제 3 장

피어린 육백 리
―휴전선을 붙들고

이처기

　호국보훈의 달 6월이다. 현충일과 6·25가 들어 있는 6월을 맞이하면서 이달에 읽어 볼 명수필 노산 이은상의 〈피어린 육백 리〉를 추천해 본다. 이양하의 〈신록예찬〉, 정비석의 〈산정무한〉, 피천득의 〈인연〉 등 유명한 명수필도 있지만 국토분단의 아픔을 지닌 우리 민족으로서 우리 강산 휴전선 육백 리를 순례한 이 기행수필은 꼭 읽어볼 명작이다.
　〈피어린 육백 리〉 나라사랑 국토순례 기행의 글이 나오게 된 배경을 살펴본다. 1953년 휴전 이후 3·8선으로 갈라진 남북 분단의 현장을 종주해 달라는 조선일보사의 제안으로 그 기록을 조선일보에 게재하기를 원하면서 이루어진 것이다.

노산은 이를 수락하고 1962년 6월 25일을 전후하여 10일간의 일정으로 휴전선 답파의 길을 떠나게 된다. 강화도의 서쪽 섬이 교동섬이요, 거기서 또 다시 멀리 떨어진 외로운 섬이 끝섬인데 노산의 피어린 600리의 시작은 이 섬에서부터 시작한다.

그의 일정을 보면 제1일 서해 끝섬에서 교동읍까지, 제2일 교동읍에서 강화 전등사까지, 제3일 전등사에서 갑곶·김포읍까지, 제4일 김포읍에서 판문점·율곡묘지까지, 제5일 율곡묘지에서 설마령·전곡까지, 제6일 전곡에서 한탄강·포천 장암리까지, 제7일 장암리에서 철원·금화 신술리까지, 제8일 신술리에서 대성산·화천읍까지, 제9일 화천읍에서 양구·인제 원통리까지, 제10일 원통리에서 향로봉·동해안 명호리까지이다.

매우 타이트한 일정을 60세의 나이에 오직 나라 사랑의 일념으로 답파하였던 것이다.

그가 친히 쓴 〈피어린 육백 리〉 서문을 읽어 보자.

조국의 국토가 38선으로써 허리를 잘린 지 어느덧 17년이요 그리고 6·25동란이 일어난 지 12년 다시 또 휴전선이 그어진 지도 벌써 9년이 지나도록 이 원한의 선이 무너지지 않은 것은 참으로 통분하기 이를 데 없다. 이 글은 휴전선을 통곡하는 노제문이요 통일의 신께 바치는 치성문이기도 한 것이다. … 중략 … 나는 이 기행문을 통하여 글을 남기려는 것이 아니라 뜻을 남기고자 하는 것이며 이 글을 계기로 동포들의 조국에 대한 뜨거운 사랑이 한번 더 불붙는다면 그것이 진실로 나의 원하는 바다.

그리고 이 글 때문에 통일과 자유와 평화를 사랑하는 우리 민족의 본원이 국제간까지 알려질 수 있다면 더욱더 본외의 영광으로 여길 따름이다.

라고 진술하고 있다. 본문 부분 부분을 살펴보자.

오늘은 휴전선 행각의 마지막 날이다. 나는 지금 동부 전선에서도 가장 치열한 격전을 치렀다는 향로봉을 향하여 가는 길이다. 여기는 바로 설악산 한계령으로부터 흘러오는 한계의 시냇가 발길은 북쪽을 향하여 눈엔 연방 설악산 들어가는 동쪽 골짜기를 바라본다. 30년 만에 다시 보아도 밝은 빛 맑은 기운이 굽이쳐 흐르는 물소리와 함께 가슴속의 티끌을 대번에 씻어주기 때문이다. 얼마나 아름답고 시원하냐! 그래 이런데서 그렇게 피비린내를 풍겼더란 말이냐!

그림보다 더 아름다운 이런 산수 속에서 더구나 지난날 전투 속에서도 가장 처참했던 곳이 설악산과 향로봉 싸움이었다니 왜 그렇게 싸우지 않으면 안 되었던가! 고개를 넘으면 내림길 얼마 아니하여 진부령에 이른다. 마을이었던 터만 남았고 집드 사람도 없다. 다만 길가에 비석 두개가 서 있다. 하나는 향로봉 지구 전적비요, 다른 하나는 설화 학생 순국 충혼비다. 피발린 비석이요 눈물 어린 비석이다. 전적비에는 1951년 5월 7일부터 6월 9일에 이르기까지 우리 국군이 영웅적으로 공산군과 싸워 마침내 이 지역을 점령하게 되었다는 사적을 새겼다. … 중략 … 나는 비석 앞에 서서 두손 모아 명복을 빌곤 다시 차를 몰아 서북 향로봉을 향하여 오른다. … 중략 … 동해의 푸른 물결이 옆구리에 와 부딪는다. 명호리 폐허를 향하여 북을 달려간다. 휴전선 마지막 지점을 찾아가는 것이다. 두근거리는 가슴을 안고 금단의 최종 구역 안으로 들어서니 십여 명의 수비군들이 무슨 큰일이나 난 듯이 뒤를 따른다.

나는 질벅이는 숲속으로 신 젖은 줄도 모르고 미친 듯 달려 들어가 마지막 남쪽 한계선에 쳐놓은 철조망을 덥석 붙들자 무슨 강한 전류에 감전이나 된 듯이 손발과 가슴이 부들부들 떨리는 것을 느꼈다. 끝없이 철썩거리는 동해의 물결 백사장 가에 박아놓은 철조망 마지막 쇠말뚝을 붙드는 순간 나는 그만 주저앉아 버리고 말았다. 피어린 휴전선의 마지막 철조망 마지막 쇠말뚝이냐! 내가 이 마지막 쇠말뚝을 하나 잡아보려고 육백 리를 허위허위 달려왔더냐!

1.
길이 끝났다네 더 못간다네 병정은 총 들고 앞길을 막네
저리 비키오 말뚝을 뽑고 이대로 북으로 더 가겠소
바닷가 모래 위에 주저앉아 파도도 울고 나도 울고.

노산의 〈피어린 육백 리〉는 나라사랑과 분단의 아픔을 한탄하는 그 감정이 그대로 읽는 사람에게 전이됨을 느끼게 된다. 그의 해박한 지식과 문장력으로 더욱 빛나며 그의 기행문에서 가장 우뚝 서는 작품이다.

―《경남시조》 33호(2016)

제 3 장

노산鷺山은 친일인사가 아니라 반일운동가였다

이달균

마산의 '은상이 샘'(노산 이은상이 마시고 자랐다는 샘)을 마산의 한 시민단체가 굴삭기로 파묻어야 한다고 주장하고 있다. 해마다 반복되는 일이기에 이제는 그리 특별해 보이지도 않는다. 어이가 없는 것은 그들이 '은상이 샘'을 파묻어야 한다는 이유가 사실과는 전혀 맞지 않는다는데 있다. 그들의 주장은 "노산이 친일한 혐의가 있다."는 전제하에 근 10년 가까운 세월 동안 폄훼운동을 해왔고, 그 일환으로 이 샘을 굴삭기로 묻어야 한다고 주장하고 있는 것이다.

하지만 결국 밝혀진 사실은 일제의 부역이 아니라 조선독립과 민족의식 고취를 위해 진력하는 위험한 인물, 즉 반일운동가였음이 명명백백 드러난 것이다. 구체적인 내용을 보면 일제 말 노산은 총독부의 사상범 검거에 따라 광양 백운산 자락에 몸을 피해 있었고, 결국 일경에 검거되어 경찰서 유치장에 구금되어 있었다. 1938년 조선일보를 사직한 뒤 해방 때까지 전라남도 광양시 진상면 신황, 지랑 등 백운산 자락의 마을과 광양읍 칠성리에서도 상당기간 은거한 것으로 밝혀졌다.

시조시인 김교한 선생은 노구를 이끌고 이곳을 직접 찾아다녔고, 결국 이 사실을 밝혀내었다. 실제 1983년에 발간된《광양군지》엔 "노산이 광양경찰서 유치장에서 해방을 맞았다"고 기록하고 있다.

여기서 우리가 중요하게 봐야 할 부분은 이런 움직일 수 없는 사실에도 불구하고 그동안의 잘못된 혐의유포에 대한 사과를 하지 않고 있다는 것이다. 뿐만 아니라 지속적으로 주장해 왔던 친일 행적이 허위로 밝혀지자 이후부턴 독재의 부역자라는 꼬리표를 달아 비판의 목소리를 높이고 있다. 진정한 시민운동단체라면 허위사실을 유포한 것에 대한 양심선언을 반드시 해야 한다. 그것이 역사왜곡에 대한 반성이고 시민에 대한 예의이기 때문이다. 그들로 인해 일반 국민과 마산시민 대부분은 노산을 친일인사로 알고 있다. 자신들은 '혐의'라고 했지 결코 친일로 단정하지 않았다고 피해간다면 비겁한 짓이 아닌가. 그 말을 들은 사람들은 혐의를 곧바로 사실로 받아들인다는 것이다.

우리 지역의 문인 중에도 친일 글을 남겼거나 행적이 있는 이들은 많다. 친일문학을 일찍 연구한 임종국의 저서 《친일문학론》에는 수천 명 문인들의 이름이 거명되고 있지만 노산의 이름은 없다. 그런데도 굳이 노산을 표적 삼는다. 처음엔 친일혐의로 시위를 당겼다가 여의치 않으니 독재정권의 부역자로 과녁을 겨눈다.

몇 해 전 제주의 성산 일출봉을 올라간 적이 있다. 그곳엔 백발의 노인들 여남은 분이 모여 감회에 젖고 있었다. 그리고는 목청껏 〈가고파〉를 불렀다. 그들은 한국에서 고등학교를 졸업하고 외국에 나가 사는데 오랜만에 고국에 돌아와 이 노래를 부른다고 했다. 이미 '가고파'는 마산의 노래가 아니라 민족의 노래가 되어 있었다. 이렇듯 타국에 사는 이들에게 고국의 향수를 달래는 시를 지은 노산은 시인으로서의 사명에 충실하였다.

해마다 '은상이 샘'을 파묻어 버리겠다고 목소리를 높이는 이들도 〈가고파〉, 〈옛 동산에 올라〉, 〈그 집 앞〉, 〈성불사의 밤〉, 〈봄 처녀〉등을 부르며 자랐을 것이다. 노산은 이들 작품으로 힘겨운 시대의 질곡을 지나온 국민들에게 모국어의 아름다움으로 정서 순화에 큰 보탬을 주었다. 그 사실마저 굴삭기로 덮을 수는 없다. 우물을 덮어 흔적마저 없애겠다는 것은 아예 역사에 이름을 지우겠다는 발상이 아닌가. 더 이상 노산의 무덤에 삽을 꽂지 마라. 영광이든 부끄러움이든 묻어서 없애버리기보다 살려서 후대에 전하는 것이 더 현명하다.

역사의 기록은 감정에 치우치지 않아야 하고 공과를 분명히 해야 한다. 노비산에 노산문학관이 세워지지 못했지만 만약 세워졌다면 이런 표지석을 세워 교훈으로 삼을 수도 있었으리라.

"노산 이은상은 민족의 전통시인 시조 창작을 통해 한국현대문학을 융성 발전시켰다. 사향의 시 〈가고파〉를 써서 마산을 가고파의 도시로 불리게 했다. 일제 땐 투옥과 구금이 되는 등 독립을 위해 애썼다. 이순신장군 기념사업회장, 안중근의사 숭모회장 등을 역임하였고, 1969년엔 독립운동사 편찬위원장을 지냈다. 하지만 아쉬운 점도 있다. 자유당 때 강연을 다녔고, 군사정권에 일정부분 부역한 것은 오점으로 남아 있다."

공은 공대로 과는 과대로 기억하는 후대가 되었으면 한다.

―2007. 4.

제 3 장

시인과 산악인의 삶을 산 노산 이은상
―해오라기 나는 산, 그 그림자를 돌아본다

이용대

　노산鷺山 이은상이 서거한 지 올해로 30주년이다. 그가 12년 동안 최장수 한국산악회장을 역임하며 '노산시대'를 이끌어 온 일은, 어려운 시대를 함께 산악운동을 펼쳐온 사람들에게는 잊을 수 없는 추억이다. 지금도 여러 산악인들에게 회자되는 '산악인의 선서'와 '산악인의 노래'를 작사한 장본인이 노산이라는 사실을 알고 있는 사람들은 그리 흔치 않다.

산악인은 무궁한 세계를 탐색한다. 목적지에 이르기까지 정열과 협동으로 온갖 고난을 극복할 뿐, 언제나 절망도 포기도 없다. 산악인은 대자연에 동화되어야 한다. 아무런 속임도 꾸밈도 없이, 다만 자유 평화 사랑의 참 세계를 향한 행진이 있을 따름이다.

100자로 제정된 이 선서는 1967년 노산이 한국산악회장 취임 첫해에 제정했다. 많은 사람들이 시조시인이자 사학자로서의 노산을 기억하지만 국내에서 가장 전통이 오래된 한국산악회의 수장으로서의 노산을 기억하는 사람은 흔치 않다.

노산하면 연상되는 것은 온 국민이 애창하는 〈가고파〉, 〈성불사의 밤〉, 〈바위고개〉, 〈사우〉, 〈봄 처녀〉, 〈고향 생각〉, 〈옛 동산에 올라〉 등의 가곡으로, 대부분의 국민들도 이것만을 기억할 뿐이다. 그의 시가 한국민의 애창가곡으로 작사된 것은 이탁에도 상당수에 이르고 있다. 노산은 시조시인으로 생전에 약 2000여 수의 작품을 쏟아냈으며, 고유한 전통의 시형식인 시조의 현대화에 기여, 시조의 한 유형을 완성한 현대시조 부흥의 1인자로 평가받고 있다. 대부분 그의 시가 가곡의 가사로 쓰여 우리 문화사에 남다른 위치를 가진다.

'산악인의 선서'와 '산악인의 노래' 남긴 노산

그의 시조는 국토예찬, 분단의 아픔, 통일염원, 우국지사추모 등

사회성을 강조하는 방향으로 기울어 있다. 사학자요 수필가인 그는 해박한 역사지식과 유려한 문장으로 〈설악행각〉, 〈묘향산 기행〉, 〈한라산 등척기〉, 〈해외 산악계 순방기〉와 같은 기행문학의 압권이라 할 만한 글들을 남겼다. 이렇듯 국토순례 기행문과 이충무공 일대기와 같은 선열의 전기를 써서 애국사상을 고취하는데 힘썼다. 노산의 일부 작품들은 노산의 산시山詩에 매료된 스위스 문필가 쎄화가 불어로 번역을 하고, 영국인 뺀느가 〈천왕봉 찬가 the song of Chun Wang〉 외 여러 편의 시를 영역하여 외국에 소개하기도 했다.

문인으로서의 노산이 남긴 업적은 필자의 졸견으로 평가하기엔 그 세계가 너무나 깊고 넓다. 그는 일제수난기에 언론인으로 활동하며 한글사랑 때문에 조선어어학회 사건에 연루되어 죄 아닌 죗값을 치르며 옥고를 겪었다. 그가 옥중생활 중에 들려준 구수한 음담패설은 동료들의 지루한 옥중생활에 활력소가 되었다 한다.

그는 암울한 일제치하와 격변하는 해방정국. 6·25전란, 5·16혁명 등 격동의 시대를 문인으로 살았지만 군사독재정권 협력이 흠이 되기도 했다. 그의 고향 경남 마산에서 과거사의 시비가 일어 '노산문학관'이 '마산문학관'으로 이름이 바뀌기도 한다. 한 사람이 평생을 살면서 어찌 한 점 그늘이 없겠는가.

그의 말년은 한국등산계의 발전을 위해 산악단체의 수장으로 방점을 찍는다. 지난해 필자는 노산을 기리기 위해 제정한 한국산악회의 '노산산악문화상'을 수상하는 영예를 누렸다. 필자는 그분 재임 중 회지 편집위원을 맡아 일한 것이 인연의 끈이 되었다.

그분의 등산관은 요산요수에 바탕을 둔 자연애호가 중심이었다. 시인 묵객들의 자연관을 지닌 그는 산을 사랑하는 자연탐사적인 성격의 등산관을 지니고 있었다. 서구 근대등산의 바탕이 된 알피니즘의 행동양식인 눈과 얼음이 덮인 고봉의 곤탄성에 도전하는 서구적인 개념과는 거리가 있었다.

그러나 이 점에 대해 한국 근대등반의 첨병이라 할 수 있는 김정태는 그의 자서전 《등산 50년》에서, 민세 안재홍의 〈백두산 등척기白頭山 登陟記〉, 육당 최남선의 〈백두산白頭山 근참기觀參記〉와 〈조선朝鮮 산수山水〉, 노산의 〈묘향산妙香山 유기遊記〉와 〈설악행각雪嶽行脚〉, 〈한라산漢拏山 등척기登陟記〉 등은 조선시대의 유산기와 달리 우리의 명산을 구석구석 탐사하는 학술적 구명의 탐사등산기라고 평했다. 산과 관련된 답사기는 등산의 대중보급에 기여를 했으니, 이런 형태의 등산을 한국 근대등산을 발아시킨 등산의 선구라고 말한 것이다.

이는 알프스 고봉에서 본격적인 등산 활동이 시작되기 전 알피니즘의 여명기에 자연과학자인 아가시, 포브스, 틴들과 같은 학자들이 빙하와 지질연구를 위해 탐사활동을 하며 산에 올랐고, 과학자뿐만 아니라 괴테, 바이런, 워즈워스, 러스킨, 쉴리, 레슬리 스티븐과 같은 문인들이 알프스의 산들을 답사하며 산을 찬미하는 저술을 펴낸 것과 같은 맥락으로 보아야 한다.

몽블랑 등정을 제안, 근대등산의 계기를 마련했던 소쉬르와 같은 학자도 《알프스 여행기》를 펴내 사람들의 관심을 산으로 끌어들인다. 특히 당대 최고의 지성인 영국의 스티븐은 《유럽의 놀이터 The playground of Europe》와 같은 명저를 저술하여 책을 읽고 많은 사람들이 유럽의 고봉으로 몰려오게 한다.

한국 근대등산의 발아가 된 노산의 산행기들

노산은 산악단체의 수장으로 척박한 산악문화의 활성화에 역점을 두고 산악도서 출간에 힘을 기울였다. 1968년 월보 《산》을 창간하여 현재 지령 44년 통권 225호를 기록하고 있다. 1975년부터 한국산악문고 6권을 문고판으로 제작하여 시리즈로 발간했다. 이 책은 읽을 만한 산악도서가 없던 시절 국내 산악인들의 지적 갈증을 해소시켜 주었다. 한국산악문고는 《노산鷺山 산행기山行記》(이은상 · 1975년), 《별빛과 폭풍설》(가스통 레뷔파 · 김경호 역 · 1975년), 《산악소사전山岳小事典》(김원모 · 1975년)의 발간에 이어, 《등산 50년》(김정태 · 1976년), 《8000m의 위와 아래》(헬만 불 · 이종호 역 · 1976년), 《암벽등반기술》(백영웅 · 1976년), 《산정수정山情水情》(이영희 · 1977년) 등이 나왔다.

그는 1969년에 창간된 한국 최초의 등산전문지 《등산》(현 월간 《산》)이 재정난으로 폐간 위기를 맞자 그와 친교가 돈독한 사회명사들의 모임인 '신우회信友會'가 인수하여 지속적으로 발간할 수 있도록 도움을 주었다. 이후 이 잡지는 조선일보가 인수하여 오늘에 이르도록 가교 역할을 했다.

그의 재임기간 중에 일어난 가장 충격적인 사건은 1969년 2월에 있었다. 해외원정 등반훈련대의 설악산 죽음의 계곡에서 발생한 국내 최초의 눈사태 사고다. 이 사고로 10명의 젊은 대원이 눈 속에 매몰된 채 최후를 맞는다. 현 대한산악연맹 이인정 회장도 훈련대의 일원으로 참가했던 사람이다. 당시 이 사건은 사회적인 물의를 빚었고 구조과정에서 여러 가지 잡음이 일었으며, 산악회는 비통한 분위기에 휩싸인다.

이 사건의 여파는 열정적으로 회무를 집행해온 그에게 좌절을 안겨주었고, 조직의 책임자로 도의적인 책임을 지고 스스로 사퇴를 했지만 2년 후 그는 회장직에 재추대된다.

같은 해 노산은 한국산악회의 국제적인 위상과 세계화의 흐름에 동참하고자 국제산악연맹(UIAA)의 일원으로 정식 가입하여 회원국이 된다. 국제산악연맹 가입은 눈사태 사고로 10명의 대원을 잃은 후 더욱 분발하려는 의지를 가지고 국내활동에 한정되었던 산악회의 시각을 국제무대로 확대해 희생자의 유지를 기리려는 의도에서였다.

그는 구미歐美 선진국가의 대표적인 산악회를 탐방하여 국제적인 견문을 넓힌다. 회의 운영과 활동상황, 도서출간 현황 등을 살펴보고 정보를 교류한다. 1973년부터 시작된 각국 산악단체 탐방 행보는 프랑스 산악회(1874년 창립)와 세계적인 명성을 지닌 프랑스 국립스키등산학교, 등산의 국민화 운동을 전개하고 있는 스웨덴산악회(1923년). 정통성과 폐쇄성을 함께 지닌 채 운영되고 있는 영국 알파인클럽(AC. 1857년 세계 최초로 창립)과 영국등반협회(BMC. 1946년), 등산의 전도사를 자처하는 아메리칸 알파인클럽(AAC. 1902년)과 '미국의 자연은 미국의 귀중한 재산'이라고 외치며 환경보존운동을 펼치는 환경단체 시에라 클럽 등을 탐방하여 많은 정보를 축적하고 견문을 넓힌다. 당시 그가 각국에서 교환해 온 귀중한 자료와 도서들은 한국산악회 도서관에 소장되어 있다.

또한 선진등산강국의 등반기술을 습득하기 위하여 경제여건상 해외진출이 어렵던 시기 등산선진국 프랑스의 국립 스키 등산학교(ENSA)에 회원을 파견하여 체계화된 설빙벽 등반기술을 전수받아 국내에 보급한다. 당초 이 계획은 노산이 회장재임시 두 사람을 파견하기로 했던 일이 무산되자 이민재 회장에게로 이어져 결실을 본 것이다. 오늘날 각급 등산교육기관에서 기초기술로 활용하고 있는 '프렌치 테크닉'이 그 당시 도입된 기술이다.

그는 히말라야 고산 등반에도 열정을 가지고 추진하여 1977년 대한산악연맹의 에베레스트 한국 초등에 이어, 1978년 안나푸르나 4봉(7,525m) 등정을 성공시킨다. 이 등반은 한국의 히말라야등반 개척기에 있었던 두 번째의 성과로 기록된다. 당시 이 등반대의 대장을 맡아 등정을 성공시킨 장본인이 현 산악회장 전병구다.

죽는 날까지 산악문화 위해 노력했던 이은상

한국산악회는 1945년 조국이 광복되던 해에 사회단체로는 진단학회에 이어 두 번째로 정부에 등록된 단체로 엄연한 정통성을 지녔음에도 35년 동안 임의단체 취급을 받아왔다. 조직의 틀을 다지고 좀 더 활성화하기 위해 1980년 사단법인화한다. 당시 단체의 법인화 등록이 어려운 시기에 노산 회장의 끈질긴 집념이 이 일을 성사시켰다. 또한 그는 체계적인 등산교육의 필요성을 절감하고 '등산 아카데미 강좌'를 개설하여 수년간 지도자급 산악인들을 양성하는데 진력한다.

1982년에는 그가 와병 중에 국고지원금을 받아 파견한 마칼루(8,463m)학술원정대의 등정 낭보를 병상에서 전해 듣고 기뻐하다가 4개월 후 영면한다. 노산은 회장 재임 12년 동안 등산인구 저변 확대와 산악지도자 배출을 위한 등산교육, 해외 선진등반기술 도입, 산악문화 활성화를 위한 산악도서 발간, 산악회의 국제기구 가입, 히말라야 고산원정, 산악회의 법인화 등 많은 업적을 남겼다.

노산은 평생 문인으로서의 길을 걸어왔지만 생애의 후반부는 산악인으로서의 삶을 살다 생을 마감했다. 그가 회장 자리에 앉아 학문의 높이만큼 산의 높이를 쌓아나간 세월은 12년(1967~70, 1973~82년)이다. 그리고 생의 끝자락에서 산악회 수장으로 만년설에 쌓아올린 성과는 8,463m의 마칼루다. 노산은 30년 전에 갔으나, 그가 심은 씨앗은 지금 성목成木으로 자라고 있다.

—《월간 가운틴》(2012. 12.)

제 3 장

노산 이은상과 모리스 엘조그

백인섭

지난겨울 오랜만에 여유를 찾아 산악잡지들과 산악활동 관련 인터넷 사이트들을 뚜렷한 목표 없이 이리저리 항해하다가 뜻밖의 두 가지 사건에 슬며시 빨려 들었다. 그 첫 번째는 월간《마운틴》2013년 2월호에 실린 원로 산악인 이용대 님이 노산 이은상을 그리는 글 〈해오라기 나는 산, 그 그림자를 돌아본다〉이고, 두 번째는 뉴욕타임스 유럽판에 실린 세계적 등반가 모리스 엘조그의 사망 소식이었다. 93세의 엘조그가 그의 집 침대에서 잠을 깨지 않고 편안하게 영면에 들었다는 소식이었다.

노산 이은상과 모리스 엘조그. 나는 이 두 사람과 각별한 인연, 그것도 서로 맥락이 이어지는 인연이 있었음에도 불구하고 나의 무지와 오만으로 인해 안타깝게도 그냥 스쳐 지나는 만남만을 가졌다. 그리고 한참 세월이 흘러 그분들이 이 세상을 떠난 후에야 비로서 나와의 각별한 인연을 깨닫게 된 것이다.

그리고 그분들이 생전에 남긴 매우 감동적인 사진을 보면서 두 분의 심오한 등반정신과 불굴의 의지를 재확인할 수 있었다. 첫 번째 사진은 1969년 한국산악회

1969년 한국산악회 해외원정 훈련대 설악산 눈사태 사고 후 현장으로 가고 있는 노산 이은상 선생 (사진 안광옥 제공)

해외원정 훈련대 설악산 눈사태 사고 후 현장으로 가고 있는 노산(1903~1982)의 모습이다(사진 안광옥). 그의 표정에서 등에 진 짐보다 더 무거운 걱정과 고뇌를 품고 있음을, 그리고 그의 힘찬 걸음 동작에서 등반가로서의 결연한 의지를 보았다.

엘조그의 사진에서 또한 나는 최고의 감동을 느낀다. 문드러져 걸레처럼 되어버린 그 두 손에서 인간의 한계를 극복한 결연한 등반의지를 보았고, 그리고 깊은 생각에 잠긴 애수 어린 표정에서 성

취한 영광에 대한 환희와 참을 수 없는 현재의 육체적 고통, 그리고 그로 인해서 미래에 올라야 할 또 다른 안나푸르나에서 겪을 수밖에 없을 부자유에 대한 두려움을 보았기 때문이다.

먼발치에서 본 노산 선생에 대한 나의 첫인상은 부처님 귀였다. 세상에 실제로 부처님 귀를 가진 사람이 있음에 나는 놀랐고, 따라서 이분이 범상치 않은 분이란 인상을 받았다. 안타깝게도 그것이 선생에 대한 나의 추억 전부였다. 단 한마디 대화도, 단 한 번의 손잡음도 없이.

나는 온 국민이 애창하는 가곡 〈가고파〉, 〈성불사의 밤〉, 〈바위고개〉, 〈사우〉, 〈봄처녀〉, 〈고향 생각〉, 〈옛 동산에 올라〉 등의 가사가 선생께서 만드신 것인 줄 그때는 몰랐다. 더구나 가고파와 바위고개는 내가 제일 즐겨 부르던 애창곡이었는데도 그것을 누가 언제 만든 것인지 알고 있기는커녕 관심조차 가지지 않았던 것이었다.

노산 선생과의 첫 번째 어긋나기는 노산의 한국산악회 회장 재임기간 중에 일어난 가장 충격적인 사고에서다. 1969년 2월 한국산악회 해외원정 등반훈련대가 설악산 죽음의 계곡에서 당한 국내 최초의 눈사태 사고. 이 사고로 10명의 젊은 대원이 눈 속에 매몰된 채 최후를 맞았다. 당시 이 사건은 사회적인 물의를 빚었고 구조과정에서 여러 가지 잡음이 일었으며, 산악회는 비통한 분위기에 휩싸였다. 이 사건의 여파는 열정적으로 회무를 집행해 온 그에게 좌절을 안겨 주었고, 조직의 책임자로서 도의적인 책임을 지고 스스로 사퇴했지만 2년 후 그는 회장직에 재추대된다.

나도 당시 등반훈련대의 주전멤버 대상이었지만 그 훈련등반에 참여하지 않고 따로 전혀 다른 곳에서 나만의 개척등반을 감행하고 있었다(동계적설기 한라산 99골 개척등반). 나의 기나긴 학창시절을 마감하는 해였기에 나는 훈련등반보다는 나만의 어렵고 위험한 개척등반을 택했던 것이다. 만약 내가 그때 한라산 개척등반 대신 설악산 훈련등반을 선택했다면 필경 열 명의 동지들과 함께 노루목에 내 영혼의 깃을 내렸을 것으로 생각된다.

당시 나는 한라산 99골 개척등반 중이라 설악산 훈련사고를 수습하는 구조 활동에도 참여할 수 없었다. 훈련등반에 참여했든지 아니면 구조활동에라도 참여했다면 분명 노산 선생과 좀 더 가까운 만남을 가졌을 터인데, 이렇게 해서 나와 노산 선생과의 첫 번째 만남은 어긋나버린 것이다.

두 번째는 1971년 한국산악회의 샤모니 등산학교 파견훈련 때다. 당초 이 계획은 노산이 회장 재임 시 두 사람을 파견하기로 했던 일이 무산되자 이민재 회장에게로 뜻이 이어져 결실을 본 것이다. 오늘날 각급 등산교육기관에서 빙벽 기초기술로 활용하고 있는 '프렌치 테크닉'이 그 당시 도입된 기술이다. 나는 바로 이 파견교육에 주전멤버로 참여했다.

그런데 당시 나는 납북된 부친 때문에 해외출국이 금지된 상태였고 또한 몸담고 있던 한국과학기술연구소 분위기상 장기휴가가 불가능한 상태였다. 따라서 한국산악회 회장단이 나의 문제를 풀기 위해서 여러 가지로 애를 썼다. 하필이면 그때 노산 선생의 한국산악회 회장으로서의 공백기였기에 대신 당시 한국산악회 이민재 회장과 조선일보 방 회장 두 분이 애를 쓰게 된 것이다. 이렇게 해서 나와 노산 선생과의 만남은 또다시 엇나간 것이다.

세 번째는 노산의 한국산악회 회장 재취임(1973~1982) 기간에 일어났다. 나는 ENSA(프랑스 국립 등산·스키학교) 파견훈련 중 우리네 산과는 차원이 전혀 다른 알프스를 직접 체험하면서, 그리고 세계적 등반가들을 직접 만나면서 나의 한계를 깨달았다. 그래서 귀국 후 프로등반가가 되겠다는 꿈을 포기하고 또 다른 산으로서 컴퓨터 전문가의 길로 매진하기 위해서 탈바꿈을 했다. 당장에 새로 설립되는 한국과학원에 입학하기 위해서 어려운 입시준비에 매진해야 했다(1972). 합격 후에는 컴퓨터 학문이라는 광활한 미지의 세계에 매혹되어 혼신의 힘을 바쳤다(1973~1975). 그리고 과학원 졸업 후 그 분야의 정상, 즉 박사학위를 따기 위해서 프랑스로 유학의 길을 떠나게 된다(1976~1983).

이렇게 해서 나는 산악활동을 멀리하게 되었고, 따라서 당시 한국산악회 회장직으로 돌아온 노산 선생을 또다시 비껴가게 된 것이다.

―월간 《산》(2013. 4.)

제 3 장

겁도 없이 따라간 겨울 설악산, "난생처음 대청봉에 올랐죠"

손수원

요즘 등산학교는 활기가 넘친다. 과거엔 나이 좀 지긋한 어른들이 모였다면 요즘은 젊은 여성들도 '예비 산악인'을 꿈꾸며 등산학교의 문을 두드린다고 한다. 본지 한필석 편집장이 몇 장의 빛바랜 사진을 꺼냈다. 한눈에 봐도 오래된 흑백사진엔 1974년 중학생이던 한 편집장이 있었다.

"1973년 말 일어난 유류파동 때문에 11월 말 일찌감치 방학을 해서 혼자 설악산에 갔다가 엄청 고생을 했어요. 포탄껍질 난로 하나

덩그러니 있던 수렴동대피소에서 하룻밤 묵고, 오세암에서 욕쟁이 처사와 함께 또 하룻밤 묵고 마등령 넘어 설악동으로 내려섰어요. 실컷 고생하고 나니까 '제대로 산을 배워야겠다'는 생각이 들더군요. 한 달쯤 지난 1974년 1월, 한국산악회의 제4회 동계등산아카데미에 무작정 참가했지요."

원래 동계등산아카데미엔 중학생은 참가할 수 없었으나 당시 한국산악회 강사로 있던 문남길 씨가 "중학생 치고는 몸이 크니 한번 해보라"며 허락했다고 한다.

당시 종로3가 파고다공원과 한국산악회 사무국 사이의 골목에서 설악산으로 가는 버스를 타기 전 한국산악회 이은상(1903~1982) 회장이 격려사를 하는 모습이 기억에 남는다고 한다. 〈가고파〉, 〈장안사〉 등으로 유명한 우리나라 대표적인 시조시인인 이은상 선생은 1967~1970년까지 한국산악회 4대 회장에 이어 1973~1982년까지 7~10대 회장을 지냈다.

"당시 무슨 말을 하셨는지 정확히 기억나진 않지만 우리들을 '동지들'이라 부르셨습니다. 그렇게 명망이 높으신 분이 나이 차이도 한참 나는 젊은 교육생들을 '동지들'이라고 불렀으니 무척 감격스러웠죠. 이것이 '산 사나이들'이구나 싶은 생각도 들었고요."

1967년 4대 회장으로 취임한 이은상 선생은 산악운동의 대중화를 꾀했다. 한국산악회는 1969년 본격적으로 적설기 등반과정을 신설했는데, 이는 1969년 2월 설악산 '죽음의 계곡'에서 일어난 10동지 조난사고가 큰 계기가 되었다. 또한 적설기 등반과정을 만들면서 '등산아카데미'라는 교육기관을 따로 창설했다.

기존의 강습회가 백령회 출신의 등반가와 진단학회 등의 학자들이 주축이 된 것에 비해 등산아카데미는 광복 이후 등산을 시작한 젊은 산악인들이 대거 강사진으로 참여했다. 이 역시 산악운동의 대중화를 꾀한 이은상 회장의 뜻이었다. 이후 한국산악회는 1974년, 등산아카데미를 정식으로 발족했고 1996년까지 이어지다 1998년 '한국산악회 등산학교'로 이름을 바꾼 후 2003년에는 '산악연수원'으로 명칭을 바꿔 현재까지 유지되고 있다.

1974년 겨울의 설악산은 눈이 많이 내리지 않았고 얼음만 잔뜩 얼었었다고 한다. 큰 사진은 교육생들이 설악산 '죽음의 계곡'에서 빙벽 훈련을 받는 모습이다. 설악산 10동지 조난 사고 이후 한국산악회는 선진 동계등산기술 도입의 필요성을 깨닫고 1971년과 1972년 두 차례에 걸쳐 '알프스훈련원정대'를 꾸려 프랑스국립스키등산학교(ENSA)에 김인섭, 유재원, 차양재 등의 대원을 파견했다.

기존에 열렸던 적설기 과정은 설산 운행법, 확보법, 피켈과 아이젠의 선택, 보행법 등 매우 기초적인 수준이었다. 하지만 '알프스훈련원정대'가 돌아온 이후에는 프랑스식 빙벽 등반법, 일명 '프렌치 테크닉'이라고 하는 피켈과 아이젠 사용법 등 교육의 양과 질이 획기적으로 향상되었다.

"피올레 라마세, 피올레 앙크르, 피올레 판느 등의 프랑스식 등반 기술을 배웠습니다. 히말라야 8,000m급 봉우리 이름과 높이도 암기했어요. 등산아카데미가 무엇인지도 모르고 그저 산을 배워보겠다고 피켈과 아이젠만 가지고 무작정 따라갔으니 모든 게 낯설고 신기했죠."

교육생들은 설악동 여관에서 먹고 자며 9일 동안 교육을 받았다. 아침엔 어김없이 구보를 했고 '원산폭격' 등도 스스럼없이 행해지던 시절이었다. 당시 장비들은 품질이 그다지 좋지 않아 훈련 도중 구부러진 아이젠 날을 펴는 것도 일이었다.

"그래도 이때 난생처음으로 대청봉에 올랐어요. 대청봉까지 얼음이 얼어 무척 고생했던 기억이 납니다."

— 월간《산》(2016. 3.)

제 4 장

청라언덕과 은상이 샘

제 4 장

청라언덕은
노산의 〈동무 생각〉 시 속에 있다

조원기

  노산 선생이 타계하신 지 30년이 막 지나고 있는 지금 선생의 시 〈동무 생각〉과 그 시어들이 가지는 의미가 엉뚱한 곳에서 난자당하고 있는 모습을 보고 더 이상 방치해서는 안될 것이라 생각하였고 이렇게 문제제기를 하는 것은 시간이 지날수록 오해의 각도가 커지는 것을 사전에 배제하고 후대에 올바른 문화적 유산을 전승시켜야 하는 문학인의 책무를 조금이라도 수행하고자 하는 의도다.

이미 지방행정기관 일각에서는 몰이해에 의한 납득할 수 없는 문화행사뿐 아니라 아무 관계가 없는 특정 지역을 설정하여 '청라 언덕'이라 명명하였으니 마산의 노비산 청라가 웃고 마산의 갈매기가 분노할 일일 것이다.

또한 이 나라 제일의 일간지 지방판에 칼럼을 쓴 어느 음악인의 문학에 대한 몰이해를 보고 탄식과 분노를 금할 수 없었으며 특히 이 같은 오류를 지적하고 그 시정을 촉구한 민원에 대한 회신의 불성실에 실망을 금할 수 없었다.

이것은 이 나라 문학으로서의 국가적 품격에 치명적 결함을 여실히 나타낸 단면이라 생각되었고, 또 이 같은 결과를 초래한 이면에는 바로 문학인이 본분을 다하지 못한 연유에서 비롯되었음을 깨닫게 되었다. 만시지탄의 감이 없지 않으나 이제라도 바로잡아야 할 것은 바로잡고 정확한 시의와 시어를 고명한 문인들의 고견으로 확정할 기회를 가지는 것은 대단히 의미 있는 일이다. 이에 본인이 본 오류를 크게 세 가지 영역으로 나누어 지적하고자 한다.

첫째, 시의 전체적 시의詩意에 대한 오류가 있다. 이 시는 대구시 중구 문화사업에서 이야기하고 있는 것처럼 노산 선생과 박태준 선생의 개인 스토리로 끝나는 것이 아니다. 그 당시 우리 조국을 노산 선생의 한 인간을 통해서 그리고 있고 또 우리 민족 전체의 소망을 대신하여 갈구한 것이다.

이를 선생의 유소년 시대의 행동반경이 봄이란 계절에 빗대어 노비산 언덕을 노래한 내용, 즉 조국의 영토를 의미하는 것이 이

시의 1절이며, 소년시대의 행동반경은 좀 더 확대되어 합포만 해안 가에까지 넓혀지고 이것은 여름이란 계절에 빗대어 바다를 노래하고 조국의 영해를 사랑하는 의미를 가지고 있는 2절이다. 3절은 이 나라 곳곳에 산재해 있는 못과 호수를 대상으로 하는 의미로 소년기 후반의 노산 선생의 연인과 함께한 노비산 속 연당이 가을과 함께한 이야기며 4절은 선생이 연희전문을 다닐 때의 청년기를 의미하고 있으며 이것은 조국의 암울한 운명을 어떻게 해야 벗어날 것인가를 암호로서 이야기하고자 한 것이다. 즉 슬픔을 벗어나는 방법을 이야기하고 있는 것이다.

둘째, 이 시를 구성하고 있는 시어詩語 하나하나가 깊은 의미를 가지고 있다. 제목에서 말하고 있는 '동무'는 '조국'을 의미한다. 1절의 '청라'는 백성을 의미하고 또 영토를 의미하며 '백합'은 '훌륭한 지도자'를 의미한다. 2절의 '저녁 조수와 흰 새'는 '영해와 영해의 주인공'을 의미하고 곧 바닷새는 '갈매기'를 말한다. 3절의 낙엽 '동산 속 연당'은 아무곳에나 만들어지는 것이 아니다. 특히 대구 제일교회가 있는 그 동산 속에는 자연적인 동산 속 연당이 존재하기가 불가능하다. 그러나 노비산 동남쪽 끝 언저리는 동산 속에도 연당이 존재할 수 있는 조건을 가지고 있다. 그것은 노비산 끝자락과 용마산 엉덩이 오른켠 사이로 회원천이 빠져 흐르고 있기 때문이다. 즉 노비산 왼쪽 가장자리를 따라 내려오면서 냇물은 노비산을 부딪쳐 흐르고 있기 때문이다. 지금은 연당의 자리는 옛 구마산 역구가 되면서 사라졌다.

마지막 4절은 결정적으로 박태준 선생이 경험하지 않은 내용이다. 이 시가 박태준 선생의 옛이야기라면 숭실학교가 있는 평양의 이야기가 있어야 하나 그것이 아니고 장안이라는 시어가 있는 것으로 이것은 노산 선생의 경험에 의한 시라는 것을 말하고 있기 때문에 시비의 대상이 될 수 없는 것이며 따라서 청라언덕은 노비산 언덕을 의미한다. 곁들여 부쳐 한마디 더하면 노산 선생의 시 중에 〈옛 동산에 올라〉와 차이는 〈동무 생각〉의 동산 속에는 연당이 있었지만 〈옛 동산에 올라〉의 동산 속에는 연당이 없어졌다. 지금도 그 흔적 절개지 상처는 그대로 남아 있다.

셋째, 작사자 작곡자의 영혼에 올바른 공경의 자세로 임해야 함에도 한갓 염문으로 은근히 유도하고 있는 모습이 괴이하고 천박한 전설로 남아질까 두렵다. 고인 두 분의 나라를 위하는 숭고한 충심과 우정이 이미 훼손해버린 과오는 우리 모든 후인에게 그 책임이 막중하게 있음을 느낀다. 왜냐면 그것은 이 시가 가지는 정신적 바탕과 시대적 사조에 접근하지 못하고 이를 엉뚱한 의미로 노래하고 있는 오류를 범하고 있다는 사실 때문이다.

또한 이 시는 다른 시와는 달리 그 의미하는 시의가 절대 여러 가지가 있을 수 없는 특징을 가졌다. 그것은 조국 그리고 백성, 지도자, 영토, 영해, 내수면, 영공을 망라하는 봄, 여름, 가을, 그리고 겨울이라는 시공 속에서 아주 정교하게 설계되었기 때문이다. 만일 내가 그때 태어났더라도 이와 같이 치밀하게 설계된 시를 썼을 것이라고 충분히 예상되기 때문이다. 그 이유는 왜경의 감시가 늘 고인에게 따르고 있었기 때문이다.

　그 당시엔 고학력자 치고 왜경의 감시를 받지 않는 사람이 없었기 때문이고 그들은 애국자가 아니면 친일파로 갈라서야 하는 강압적 선택만 있었기 때문이다. 그럼에도 두 고인은 의기투합하여 우리나라 독립을 갈망하고 고취하는 첫 가곡다운 노랫말과 곡을 만들었던 것이다.

　끝으로 본인이 바라는 바는 진정으로 노산 선생의 업적이 제대로 평가받고 노비산 청라언덕 위에 흰 백합 우뚝 피어올라 우리나라를 찾아온 세계인이 사랑하고 애창하는 시조의 성지가 되기를 염원한다.

시어 해석의 오류

1. 동무(조국)를 단순한 연인으로 잘못 해석하였다.
2. 청라靑蘿(푸른 쑥, 우리 민족)를 담쟁이넝쿨로 잘못 해석하였다.
- 나蘿 : 펼쳐져 있는 풀(쑥) -《한한대사전》 11권 p.1303

푸른 쑥과 구분하기 위한 담쟁이넝쿨과 관련 글자는 다음과 같다.
- 조蔦 : 날아올라 있는 풀(담쟁이) -《한한대사전》 11권 p.1119
- 나만蘿蔓 : 구부러져 펼쳐진 풀. 소나무에 기생하여 펼쳐져 사는 풀. 겨우살이 풀. 담쟁이넝쿨 -《한한대사전》 11권 p.1303, 《국어대사전》(이희성 저, 민중서림, 1989년) p.164

- 나조蘿蔦 : 소나무 겨우살이와 담쟁이넝쿨 -《한한대사전》 11권 p.1304
- 조라蔦蘿 : 담쟁이넝쿨 -《한한대사전》 11권 p.1119, '날아올라 펼쳐진 풀'이란 뜻으로서 별도의 단어가 있고 '겨우살이'란 의미도 있다. -《국어대사전》(이희성 저, 민중서림, 1989년) p.164 p.3309

3. 청라언덕(쑥이 많이 자라고 있던 노비산 언덕 : 우리 백성이 살고 있는 영토)을 담쟁이넝쿨이 자라고 있는 대구 동산병원 일대로 잘못 해석하였다.

4. 조수(바다, 영해)를 조그만 대구의 못으로 잘못 해석하였다.

5. 흰새(조국=조국의 지도자=갈매기)를 내륙의 못에 사는 백로로 잘못 해석하고 있다. 또 시어 중에 '흰 새 뙬 적에'에서 '뛴다'라는 표현을 나타낼 법한 새는 우리가 쉽게 볼 수 있는 범주의 새는 바닷새인 갈매기밖에 없다. 따라서 이 시에서의 흰 새는 내륙의 새가 아니다.

6. 대구의 그 지역은 자연적 연당이 생길 수 없다. 반면에 마산의 노비산은 연당이 생길 수 있는 조건을 가졌다. 산 뒤로 회원천이 흐르고 있다.

7. 노산 선생은 연희전문으로 유학을 가 서울의 추운 겨울의 밤하늘을 체험했지만 박태준 선생은 대구 계성학교를 수료하고 평양의 숭실전문학교를 나와 서울의 추운 밤하늘을 체험할 기회가 있었다고 단정할 수가 없다.

8. 박태준 선생의 부인이 노산 선생의 누이이며 오히려 박태준 선생의 염문이 있다면 대구가 아니고 마산의 노비산 근처 어디일 것이다.

9 '청라'라는 시어를 쓸 수 있는 가능성은 박태준 선생의 교육과정에 비하여 노산 선생이어야 가능하며 이를 위하여 노산 선생이 대구 동산의료원 근처 동산에 가서 이 시문이 가진 정서를 체험해야 하는 과정이 있어야 한다. 그러나 그렇게 했을 가능성은 없었다고 보여진다. 뿐만 아니라 숭실학교에 다니시던 박태준 선생은 재학하는 동안 선교사로부터 성악과 작곡의 기초를 배우셨다(세계대백과사전 11권 p.618). 하지만 노산 선생은 창신학교 고등부를 다닐 때 이미 한학자인 김영규로부터 매일 한시 한 수씩을 배우고 모두 소화하였다는 사실로 보아 청라라는 시어를 정확히 알았음을 알 수 있다(《노산시조론》 학창시절과 청년시절 p.36). 또한 그 동산 언덕은 경사가 심한 편이어서 쑥이 잘 자라는 지형의 언덕이 아니다. 이곳은 쑥이 잘 자라기보다 담쟁이가 잘 자랄 수 있는 조건을 가졌다. 노산 선생의 동산에 대한 정서적 바탕은 급경사가 아니고 완만한 언덕인 노비산을 말하며 이곳에선 담쟁이넝쿨은 잘 자랄 수 없고 쑥이 잘 자랄 수 있는 조건을 갖추고 있다.

— 대구 청라언덕사업의 진실규명을 위한 학술포럼(2013. 4. 5)

● 참고문헌
《한국고전문학대전집》, 전규태 편, 7권 신화 p.1 쑥
《한한대사전》, 단국대학교 동양학연구소, 11권 p.1303 라
《노산시조론》, 김복근 저, 학창시절과 청년시절(p.36), 은둔과 수감생활(p.238)
학창과 청년시절(p.235)
《세계대백과사전》 동서문학 발간, 1999, p.12651
《국어대사전》 이희승 저, 민중서림, 1989, p.614

제 4 장

고유한 창원(마산)의 문화유산 '청라언덕'

정목일

　이은상 작시 박태준의 작곡 〈동무 생각〉 중에 나오는 '청라언덕과 같은 내 마음에 백합 같은 내 친구야'에서, '청라언덕'이란 시어를 놓고, 소재지가 대구의 동산병원 앞 언덕이라는 대구 측의 주장과 마산의 노비산(제비산) 언덕이라는 주장이 엇갈리고 있다.
　대구 측은 자의적 해석과 주장에 따라, 대구에서 동산병원 앞거리를 청라언덕이라 칭하고, 청라언덕 조성과 사업을 펼치고 있으며, 오페라 등 문화행사로까지 확대하고 있다. 이은상 선생의 〈동무 생각〉에 나오는 청라언덕은 창원 마산의 노비산 언덕임을 밝히는 주장과 대립되어 시비가 일고 있는 실정이다. 현재까지 문헌상으로 청라언덕이란 지명이 마산과 대구에도 없으므로 통상적으로 시에 나오는 지명은 시인과 연관 있는 공간이며 '청라언덕'이란 작사자인 시인 이은상이 어릴 적부터 놀고 자랐던 노비산 언덕을 시어로 나타낸 언덕이라는 걸 상식적으로 알고 있는 일이었다. 그럼에도 대구에서 느닷없이 아무 고증이나 사실 규명 없이 독자적으로 마산의 청라언덕을 대구의 청라언덕으로 둔갑시켜 사용하며, 청라언덕 사업까지 전개한다는 것은 마산의 문화유산을 도용하는 처사라고 보지 않을 수 없다.

지금까지 노래화된 작사상의 지명이 작사자의 것이 아닌 작곡자의 것이란 주장은 들어 보지 못하였다. 작곡가는 작사자의 시에 곡을 붙이는 사람이다. 작사자의 창작물인 시를 제공받아 작곡을 했을 뿐으로, 작시에서 거명된 '청라언덕'은 어디까지나 작시자인 이은상 선생의 고향에 있는 노비산 언덕을 가리키는 시어로 보아야 함이 상식적인 해석이다. 그런데도 대구 측에서 느닷없이 작곡가의 고향인 대구 동산병원 앞 언덕을 말한다는 주장을 하면서 마산과는 아무런 협의 없이 마산의 시적 유산을 도용하여 청라언덕 사업을 대대적으로 전개하는 것은 있을 수 없는 일이며 마산의 귀중한 문학자산의 약탈이 아닐 수 없다. 대구의 주장은 뚜렷한 문헌적 근거, 증명자료도 없다. 마산의 원로시인 이광석 씨는 마산상고 학생시절에 음악선생으로부터 청라언덕은 푸른 비단을 펼쳐 놓은 듯한 언덕이란 뜻으로, 마산 노비산 언덕을 청라언덕으로 표현한 것이라고 들려주었다는 증언을 하고 있다.

　노산 이은상 선생의 중요한 시의 요람이랄 수 있는 노비산은 〈옛 동산에 올라〉, 〈동무 생각〉, 〈가고파〉 등에서 '동무'라는 말이 중요한 이미지로 나타나는 것으로 보아 같은 계열의 작품임을 알 수 있다. 이은상 선생은 노비산을 사랑한 나머지 자신의 아호를 '노산'으로 붙인 것을 보아도 알 수 있는 일이다. 〈동무 생각〉은 우정, 사랑, 애향의 상징성을 부여한 소중한 문학유산이다. 그럼에도 작사자의 문학배경(원적)을 파손, 훼손시키는 것은 고유한 정신적, 문화적 이미지 및 상징성의 파손 행위로, 예술의 존엄한 가치와 독창성을 인정하지 않는 처사이며 문학문화 유산 전승에 위배되는 행위라는 것이 마산과 일반인들의 일반적인 반응이다.

　작사자와 작곡가가 고인이 된 이후 발생한 문제이고, '청라언덕'이란 시적 공간이 문헌상으로 존재하고 있지 않으므로 어디까지나 작시자의 시어로써 시인의 놀던 언덕임을 상식적으로 인정하는 것이 관례이다. 그럼에도 아무런 사실 확인과 검증도 없이 대구 측에서 대대적으로, 청라언덕 사업을 전개하고 있어서 창원(마산) 시민들의 분노를 사고 있다.

　2011년 3월 1일자 조선일보 '문화가 산책'란에 최영애 음악칼럼니스트가 기고한 '청라언덕에 동무 생각을…'이란 글에서, 우리 모두의 마음을 노래한 가곡 〈동무 생각(사우)〉 속의 청라언덕이 바로 대구에 있다.'고 필자는 단정했다. '현재 동산의료원 사택지에 대구

최초의 사택이 담쟁이넝쿨이 덮여 있는데, 푸른 담쟁이넝쿨을 청라라 한다.'고 강조하고 있다. 담쟁이넝쿨이 덮여 있는 건물을 모두 청라언덕으로 해석해도 좋다는 뜻인가? 억지스런 주장이 아닐 수 없다. 노산 이은상의 작시 중의 '청라언덕'은 시인의 시의 요람인 노비산이며, 노비산 언덕이 푸른 비단을 깔아놓은 듯하다는 느낌에서 '청라언덕'이란 시어가 나타난 것으로 모두가 인정하고 있다. 이처럼 노비산 청라언덕의 역사가 왜곡되고 마산의 문화유적마저 도용되고 있는 데 대해, 사실규명을 위해서 (사)바다사랑실천운동시민연합(이사장 조원기 시인) 이 문제를 제기하면서 문제 해결을 위한 심포지엄을 개최하게 되었다.

대구시는 '청라언덕'이 작사자의 고향인 마산 노비산 청라언덕임을 인정해야 한다. 반드시 '청라언덕'의 원적이 마산 노비산 '청라언덕'임을 밝히는 표명이 있어야 한다.

창원(마산)과 대구의 경우는 원적에 대한 시비가 벌어진 상태임으로 명확한 정리 작업이 필요하다.

―대구 청라언덕사업의 진실규명을 위한 학슬포럼(2013. 4. 5)

제 4 장

대구 청라언덕사업의 허구성

김복근

춘래불사춘春來不似春
봄이 와도 봄이 온 것 같지 않다.

—동방규

1.

창원(마산)의 문화계에는 내우외환의 어려움에 직면하여 봄이 와도 봄이 온 것 같지 않다. 마산역 광장에 세워진 가고파 시비 철거를 일부 시민단체가 요구하고 있으며, 대구시에서는 '청라언덕'이 자신들의 문화자산이라며, 관광자원화하고 있다. 이러한 안팎의 사안에 대해 창원(마산)은 마땅한 대안을 내놓지 못하고 있다. 주지하다시피 노산 선생의 인물됨은 그의 약력이 달해 주듯이 국가유공자로서 대한민국국민훈장 무궁화장, 대한민국건국포장을 수상하였으며, 작고했을 때는 문화훈장 1등급 금관문화훈장 추서와 함께 국가가 지원하는 사회장으로 국립묘지 현충원에 안장됐다. 국가가 서훈을 할 때는 철저한 검증과 심의를 거치는 것이 상례다. 노산 선생은 국가가 인정한 인물이다. 더욱이 올해는 선생의 탄생 110주년이 되는 해다. 선생의 문학과 사유방식을 재조명하고, 기리는 사업이 추진되어도 모자랄 형편에 연초부터 일어나는 작금의 현실은 우리를 우울하게 한다.

2.

〈가고파〉는 노산 선생의 연치 30세인 1932년에 발표되었다. 이 작품은 선생의 친구인 양주동 선생이 평양 숭실대에 근무할 당시 그의 제자인 김동진 작곡가에게 소개하여 같은 하 가곡으로 탄생했다. 당시는 일제강점기로서 성악가 이용주, 이인범 등에 의해 일본은 물론 우리 동포가 있는 곳이면 어디서든 불려져 거족적인 사랑을 받았으며, 해방 후에는 교과서에 실려 범국민적 애창 가곡이 되었다.

이를 기리고자 마산의 15개 로터리클럽에서 합의하여 마산역 광장에 가고파 시비를 세웠다. 이를 일부 시민단체가 훼손하고 있는데도 관계 당국에서는 강 건너 불구경하듯이 하고 있다. 언제까지 외면하고 있을지 심히 걱정이 되지 않을 수 없다.

이들은 선생이 3·15를 폄훼했다고 주장한다. 그 근거로 3·15 의거가 있은 지 한 달 후, 조선일보 1960년 4월 15일자에 게재된 '마산사태를 이렇게 본다. 문화 각계가 말하는 원인·수습책'이라는 제목의 6개 항의 설문에 대해 노산 선생의 답변을 문제 삼고 있다.

오늘의 포럼과 직접적인 사안은 아니지만, 노산 선생 문제와는 긴밀한 관계가 있기 때문에 이 부분을 먼저 짚어 보고자 한다.

마산사건이 촉발된 근본원인은 무엇으로 보느냐는 질문에 "도대체 불합리不合理 불합법不合法이 빚어낸 불상사不祥事"라고 대답한 것이 문제의 빌미다.

3·15의거는 평화적 시위로 시작됐지만, 이를 강제로 해산시키려는 경찰과 대치하면서 유혈사태가 일어나게 된다. 행방불명 됐던 학생 김주열의 시신이 바다에서 떠올랐고, 이에 분노한 시민과 학생이 또다시 궐기해 경찰의 만행을 규탄하기에 이르렀다.

이러한 시대적 상황에 대해 국가원로로서의 우려를 표현한 것이다. 문장에 주어가 없는 것이 문제다. '불합리不合理 불합법不合法

이 빚어낸 불상사不祥事'라는 말은 시위를 한 학생들의 행위를 말하는 것이 아니라, 학생들에게 불법으로 발포한 경찰의 진압 행위를 말하는 것으로 풀이된다. 두 번째 질문에 대한 답 역시 당시의 긴박한 상황을 전제하지 않으면 이해하기 어려운 부분이다. 혼란기에는 각종 괴담이 떠돌기 마련이다. 침착한 대응을 주문한 것에 다름없다. 비상시非常時 정치에는 무엇보다 성실과 아량이 필요하다. 정부의 포용성과 아량을 강조하면서 관의 수습책에 대해 따끔하게 질책하고 있다.

특히 다섯째 질문에 대한 답에서는 "내가 마산馬山 사람이기 때문에 고향의 일을 걱정하는 마음이 더 크다. 분개한 생각이야 더 말할 것이 있으랴마는 무모無謀한 흥분興奮으로 일이 바로잡히는 법이 아니다. 좀 더 자중自重하기를 바란다. 정당正當한 방법方法에 의依하지 않으면 도리어 과오過誤를 범하기가 쉽다." 이 말을 유의해서 보면 당시의 긴박한 사태에 대한 국가원로로서의 충정과 고향 마산을 사랑하는 마음이 그대로 배어 있음을 볼 수 있다.

마지막 설문에서는 "여與·야野를 막론莫論하고 참으로 나라를 사랑하는 지도자가 있다면 초당적超黨的 연립적聯立的 아니 거국적이요 비상시적인 노장老壯 유능有能한 내각을 구성하여 그야말로 국민이 원하는 새 국면局面을 열어야 한다. 이것은 부분적인 각료 경질更迭을 말하는 것이 아니라 개헌改憲 여부는 별문제로 실지로 책임적인 전체적인 경질更迭을 말하는 것이다." 유혈 사태가 일어난 위기상황에서 국가의 미래를 걱정하고, 고향 마산을 사랑하지 않으면 하기 어려운 용기 있는 발언이 아닌가. 독재정권이 무력을 사용하고 있는 당시의 위급한 상황에서 감히 전면 개각까지 요구하고 있다.

문장은 전체적인 맥락에서 검토돼야 한다. 부분적인 말만 떼어내어 해석하면 전혀 엉뚱한 결과가 나올 수 있다.

"내게 단 두 줄의 글만 보여라. 그 필자를 사형시킬 수 있는 꼬투리를 찾아낼테니…."

프랑스 재상 리슐리외의 말이다. 정말 무서운 말이 아닐 수 없다. 단 두 줄의 글로써 사형을 시킬 수 있는 꼬투리를 찾아낼 수 있다고 한다. 리슐리외의 말처럼 설문에 응한 몇 마디의 기록이 노산 선생의 전 생애를 오독하고 있음을 본다.

백척간두에 선 조국의 운명을 지키며 살아온 통한의 일생을 살아온 선생에게 광복 이후 세대들이 함부로 말하는 것을 경계하지 않을 수 없다. 마산역에 세워진 〈가고파〉 시비가 온전하게 보전되기를 바라는 마음 간절하다.

3.

창원(마산)에서는 노산 선생에 대해 소모적인 논쟁이 진행되는 가운데, 대구시에서는 문화사업의 일환으로 노산 선생의 동무 생각에 나오는 청라언덕사업을 펼치고 있다. 〈동무 생각〉 노래비를 세우고, 동산의료원 사택에 붙어 있는 담쟁이넝쿨을 청라언덕이라고 하면서 박태준이 사랑한 여학생을 그리는 노래라는 스토리텔링까지 만들어져 사실처럼 회자되고 있다. 창원(마산)의 소중한 문학적 자산을 소홀하게 취급하다 대구에 일격을 맞은 셈이다.

결론적으로 말해서 '청라언덕'은 마산의 노비산언덕이 맞다. 그 근거는 다음과 같다.

1) 이 노래는 노산 선생이 노비산 기슭에서 뛰놀던 옛 추억을 더듬으며 '청라언덕과 같은 내 맘에 백합 같은 내 동무야, 네가 내게서 피어날 적에 모든 슬픔이 사라진다.'라고 노래한 것이다. 친구와 함께 청라언덕에서 뛰놀던 추억이며, 바닷가 벅사장에서 모래놀이를 하던 기억을 되살리는 순간, 그러한 기억들이 내 머릿속을 떠도는 순간, 세상의 모든 근심과 걱정이 봄안개 걷히듯이 사라진다는 것이다.

2) "빼앗긴 조국에 대한 그리움의 감정을 은유적인 수법으로 잘 보여준다. 이 작품에서 동무는 다름 아닌 빛을 잃은 조국으로 묘사되고 있다. 1절에서는 청라언덕에 핀 백합(향기로운 꽃)으로, 2절에서는 저녁조수에 날아예는 흰새로, 3절에서는 밤의 장안에서 빛을 뿌리는 가등으로 묘사되고, 모든 절에서 서정적 주인공이 그를 위해 노래 부르고 있으며, 또 그것들이 자신의 마음과 품속에서 향기를 뿜고 빛을 낼 때, '모든 슬픔이 사라진다.'라는 공통된 시어로 빼앗긴 조국에 대한 그리움의 감정을 관통시키고 나라 없는 민족의 설움을 깊이 있게 형상화하고 있다." 우연오(북한의 국문학자)

의 주장이다.

  시는 메타포다. 삼엄한 왜경의 눈을 피해 민족정신을 고취시키는 작품을 발표하려면 이런 수법을 동원하지 않고 어떻게 하겠는가. 표출된 의미망으로는 동무를 생각하는 것처럼 장치해놓고, 숨겨둔 의도는 잃어버린 조국을 염원하는 의미로 유추할 수 있게 한 것이다.

  3) 또 하나 중요한 사실은 노산 선생도 젊은 시절 사랑하는 연인들이 있었다.

  노산 선생이 창신학교 졸업반 때 의신여학교 학생 김수남을 연모하게 된다. 그러나 안타깝게도 학교를 졸업하고 얼마 되지 않아 김수남은 장티푸스를 앓다가 세상을 떠나게 된다. 두 번째 만난 연인 송복달도 종교가 다르다는 이유로 집안의 반대에 부딪쳐 헤어지게 된다. 노산의 시작품 속에는 애절한 사랑을 노래한 시편들이 있는데, 이것은 노산이 자신의 연인들에게서 얻은 영감을 시로 읊은 것으로 봐야 한다.

  4) 일제강점기인 1919년 3월 1일은 삼일만세운동으로 나라가 존망의 위기에 놓여 있는데, 노산 이은상 선생이 어찌 박태준 선생의 애인을 시로 담을 수 있었다는 말인가. 여기에 나오는 '동무'는 초근목피로 굶주리는 우리 백성인 동시에 나아가서 우리나라를 지칭한 것이다.

  5) 청라언덕과 동무 생각을 구글로 검색해 보면 2009년 6월 이전에는 노래로만 일부 탑재되다가, 그 이후부터는 청라언덕에 관한

내용들이 주류를 이룬다. 이것은 대구시가 청라언덕 사업을 시작한 이후부터 관심을 갖게 되었다는 것을 의미한다. 〈동무 생각〉은 1922년에 창작되었으니 이미 90년 전의 작품이다. 현 시점에서 재해석을 하는 것은 무리가 있어 보인다.

6) 〈동무 생각〉이 이슈가 된 후 유족 측에 문의를 하였더니, "젊은 나이여서 대구와의 인연이 없었다. 청라언덕은 마산의 노비산 언덕이 맞다."라고 설명했다.

7) "노비산에 올라가면 이제하 씨 댁이 있고, 그 옆에 염기웅 씨도 살았다. 그 위쪽으로 올라가면, 선교사 집이 있었다. 그곳에 담쟁이가 있었다. 대구의 동산병원은 언덕이 아니다. 노비산은 언덕이다. 선교사 집이 있었고, 담쟁이넝쿨도 있었다."(2013. 3. 13. 조민규 님 증언) 마산의 노비산에도 선교사 집과 담쟁이넝쿨이 있었다면 이러한 이유로 청라언덕이 대구에 있었다고 주장하는 가설은 성립되지 않는다.

4.

내우외환의 어려움에 처한 창원(마산)의 문화적 자산을 어떻게 보전하고 관리할 것인가. 우리는 보다 심각하게 고민해야 할 사안이다.

문화의 세기라고 하는 이 시대에 합리적인 논리보다 힘과 떼쓰

기가 우세하게 작용한다는 사실이 믿어지지 않는다. 또한 〈동무 생각〉의 창작 배경이 창원(마산)인 것도 분명한 사실인데, 느닷없이 대구에서 청라언덕사업을 하는 것도 문제가 되는 일이다.

 첫째 청라언덕사업이 대구에서 먼저 진행되었고, 대구 사람들은 이미 이 언덕을 즐겨 찾고 있다. 창원이 청라언덕의 창작 배경지라는 사실이 밝혀질 경우 창원(마산)에서 대구와 같은 청라언덕사업이 진행될 수 있겠는가. 둘째 대구가 창작배경이라고 인식하고 있는 시민들의 사고를 창원(마산)으로 전환할 수 있는 대안은 있는가.

     ― 대구 청라언덕사업의 진실규명을 위한 학술포럼(2013. 4. 5)

제 4 장

〈은상이 샘, 진짜인가? 가짜인가?〉를 읽고

김정희

본인은 1940년대에 마산시 상남동에 거주한 사람으로서 경남일보에 게재된 상기 기사를 읽고 진실을 증언하려 합니다.

저는 1934년생으로 일본에서 태어나 8세가 된 1941년부터 마산에 살게 되었습니다. 마산성호초등학교 2학년에 편입하여 1946년에 초등학교를 졸업하고 그해 6년제의 마산공립여자중학교에 입학을 했습니다. 그때 북마산에서 학교가 있는 신마산으로 가는 등굣길은 흙먼지가 풀풀 나는 자갈길이었으며, 그 시절은 교통이 불편하여 13살 어린이가 마냥 두 발로 걸어서 다녀야만 했습니다. 등굣

길은 중간지점인 몽고정에서 쉬었다 가고 하굣길은 '은상이 샘'에서 쉬었다가 집으로 돌아왔습니다. '은상이 샘'은 우리들의 쉼터요 낙원이었습니다. 함께 늘 동행했던 친구 김계숙이는 소설가 김병총 씨의 누님이시며 회원동에 살았고, 뒷날 구자운 시인의 아내가 된 조춘래 친구는 교방동에 살았기 때문에 꼭 '은상이 샘'에서 쉬어 가야만 했습니다.

  북마산 파출소 뒤에 있던 '은상이 샘'의 그때 풍경을 말씀 드리겠습니다. 바다가 보이는 남쪽 자리에 대문이 있었는데 늘 열려 있었고, 대문으로 들어서면 왼쪽 상남천 방향에 돌로 쌓아 만든 '은상이 샘'이 있었습니다. 두레박이 늘 곁에 있어 지나는 나그네는 누구나 샘물을 마시게 되어 있었고, 우리들도 그곳에 가면 샘물부터 퍼서 마시고 이야기꽃을 피우며 꿈을 키웠습니다. 마당이 넓어 20평 남짓 했고 뱃집 형식의 사랑채도 늘 비어 있었습니다. 아마도 집의 일부가 샘터와 같이 남아 있었던 것 같았습니다. 그 시절 노산 선생과 죽마고우였던 이웃집 자전거방 아저씨의 말씀에 의하면 '은상이 샘'은 노산 선생의 출생을 기념하며 장수長壽를 기원하는 뜻에서 동네 사람들에게 물 보시普施를 한 우물이라고 들었습니다. 노산의 부모님은 부산에 살며 첫아들을 두었는데 느닷없이 잃어버렸답니다. 타관에 가서 살아야만 자식을 잘 키울 수 있겠다는 말을 듣고 마산으로 이사 와서 얻은 아들이 노산 선생이었다고 했습니다. 집 대문 쪽에 샘을 파서 동네 사람이나, 나그네가 수시로 물을 마실 수 있도록 배려된 우물을 누가 아니라고 말을 합니까. 그 당시 제가 살던 우리 집 우물은 부엌문 앞에 있었습니다. 뜻이 깊은 '은상이 샘' 물을 마신 사람은 진주에 살고 있고, 부산에도 거주하고 있습니다. 세월이 가면 역사도 왜곡할 수가 있는 것일까요.

노산은 한국시조단의 큰 산으로 우뚝 서신 분입니다. 아우를 잃고 〈무상〉이라는 수필집을 내고 더욱 유명해졌습니다. 그뿐이겠습니까. 우리의 얼과 말과 글을 사랑하여 식민지 시대에는 조국을 지키려는 일념으로 항일운동을 하시며 투옥되신 적도 있었고 조국강산을 순례하며 시조와 기행 수필로 국토를 예찬하신 분입니다. 단지 명문장가名文章家라는 이유로 오해를 받을 수는 없다고 생각합니다. 인문학 중에서도 우리 역사와 문학에 관한 50여 권의 저서는 이 나라의 중요한 자산이며 명가곡도 수없이 지어내어 국민의 정서 순화에 이바지하신 애국지사를 길이 기억해야 할 것으로 믿습니다. 마산 사람들은 하루속히 시시비비를 끝내고 자랑스러운 향토의 인물이 생존했었다는 증거로 '은상이 샘'의 원형 보존을 서둘러주시기를 바랍니다.

제 4 장

물맛 좋은 '은상이 샘'

오정방

  노산 선생은 글, 글씨, 말씀 등 3가지를 모두 잘하시는 3절絕의 민족시인이셨다. 그의 문장에 대해서는 기히 다 잘 아는 바요, 글씨 또한 명필인데다가 강연을 하러 단에 서시면 해박한 지식을 토대로 관중을 사로잡는 특별한 힘을 가지고 계셨다.

  특별히 이 충무공李忠武公에 대한 강연에서는 난중일기의 하루하루 날짜까지 줄줄 꿰고 계신 데는 정말 놀라지 않을 수 없었다. 강연을 마치고 집으로 돌아오는 차중에서는 강연 도중에 누가 늦게 오고 누가 일찍 나가더라는 것까지 다 기억하며 말씀하셨다. 정이 많고 손이 크시므로 남에게 넉넉히 베풀기를 좋아하는 어른이셨다. 불교에 해박하시므로 불교신자로 오해하는 사람들도 있지만, 선생은 기독교 신자이며 돌아가실 때에는 충현교회(담임 김창현 목사)에 출석하셨고, 임종 시에도 찬송과 목사님의 기도 속에 눈을 감으셨다. 선생의 부친은 교육가이신 남하 이승규 장로로 마산창신학교와 문창교회의 설립자이다.

어느 핸가 마산에 동행했을 때 이것이 '은상이 샘'이다 하고 일러 주신 곳이 있었다. 겉보기에는 그저 조그만 샘터였지만, 마산 사람들의 상당수는 이 '은생이 샘'(많은 사람들은 이렇게 불러야 더 잘 안다)의 물을 식수로 하면서 생활하였다. 마산의 상징이기도 한 무학산의 동쪽 계곡으로부터 흐르는 상남천이 북마산을 지나는 곳에 있는 이 샘에는 맑고 정결한 샘물이 솟아난다. 한여름에 이 물을 마시면 속이 다 시원하여 더위를 쉬이 이겨낼 수 있을 정도였다. 이 샘은 노비산과 함께 노산 선생의 발자취와 혼이 배어 있다고 할 수 있을 만큼 어린 시절 꿈과 희망을 키우던 곳이었다. 어릴 때의 그 샘과 지금의 우물을 보시면 남다른 감회를 가지시리라 생각된다.

사실 노산 선생은 평생 생가가 있던 마산을 그리워하며 사셨다.

노산 선생의 부친 남하 이승규 선생이 40대까지 부산 동래에 정착하여 살다가 마산으로 근거지를 옮기게 된 것이 1903년이었는데, 이 해에 노산 선생이 태어났으니 마산은 그의 작품세계의 중요한 토양이 되었음은 짐작하기 어렵지 않다. 노산 선생이 태어난 마산, 마산을 마산답게 하신 선생은 분명 둘이 아니요 하나라 할 수 있다.

  내 고향 남쪽 바다
  그 파란 물 눈에 보이네
  꿈엔들 잊으리요
  그 잔잔한 고향 바다
  지금도
  그 물새들 날으리
  가고파라 가고파

어디선가 가고파 10곡의 선율이 귓가에 들려오는 듯하다.

제 4 장

은상이 샘은 가고파의 어머니

조현술

 '가고파'에게 생명체가 존재한다면 그 가고파는 바다 같은 포용으로 모든 것을 감싸 줄 것이다. 이는 어쩜 노산 선생의 깊은 마음인지도 모른다.
 마산역 광장에 가고파 노래를 새긴 시비가 있다. 커다란 화강암에 새겨진 가고파 시비는 우리 고장 마산의 정서를 말해주는 보배로운 문화적 유산물이 될 것이다.
 '가고파'에는 한국인의 영혼이 흐르고 있다. 대한민국 국민으로서 교육·교양적 수준을 갖춘 사람이라면 아마도 이 노랫말을 모르는 사람이 드물 것이다. 그만큼 이 노랫말은 우리나라 모든 계층의 사람들 정서 속에 아름다운 향수의 노랫말로 자리 잡고 있다. 해외에 거주하는 교포들은 모임 때마다 이 노래를 부르며 눈시울을 적신다고 한다.

가고파는 마산인의 영혼이기도 하다. 이 가고파 노래비는 우리 고장 마산에 산재해 있는 곳이 많다. 시내 거리의 상호를 보아도 '가고파' 명칭을 가진 곳이 아주 많다. 이발관, 식당 그리고 문구점 등 많은 상호가 '가고파'로 되어 있다. 마산의 신설 초등학교 교명도 '가고파' 초등학교이다. 마산 땅 위에 사는 사람이면 누구라도 이러한 정서를 호흡하지 않는 사람이 없기에 '가고파'를 영혼처럼 사랑하는 것이다. 이러한 정서는 강요나 인위적인 것이 아니고 자연발생적이다.

이 마산 땅에서 '가고파'의 영혼이 숨 쉬는 곳이 있을까? '가고파'의 뿌리 하나를 들먹인다면 '은상이 샘'을 들 수 있을 것이다. 이 샘은 그 우물에서 물을 마시고 샘가에서 유년의 추억을 가지고 있는 분도 있어서 구체적인 것은 미루고, 그 샘을 보존하는 의미에서 몇 마디 말하고 싶다.

이 우물은 구 태양극장과 구 북마산 파출소가 있던 부근에 있었는데 노산 선생의 부친인 남하 이승규 선생이 자기의 과수원에 우물을 파서 마을 사람들이 그 좋은 물을 나누어 마실 수 있도록 하기 위한 것이었다. 이 우물에 '가고파'의 영혼이 살아 있는 곳이다.

그런데 일부 사회단체에서 '은상이 샘'의 이전을 요구하고 있다고 한다. 이 우물을 아끼는 시민의 한 사람으로서 그 안타까움을 안고 분노를 느낀다. 홀로 고뇌하며 '은상이 샘'가를 돌며 행동과 논리의 괴리에 대한 울분이 쌓였다. 말이 이전이지 이전이란 형식을 빌려 귀한 문화유산이 변질되거나 아예 망실된다면 그 아픔을 어떻게 할 것인가?

이런 나에게 문득 영감 같은 것이 물안개로 나를 감싸 안으며, 다스리고 있는 것을 알았다. 영혼으로 떠돌고 있는 노산 선생의 말씀이듯 분노에 흔들리는 나를 차분하게 타이르고 있었다.

"원한을 원한으로 갚는 자가 있다면 이는 누구나 할 수 있는 일이니라. 하등동물일수록 그런 면에 더 집요하게 원한에 매달리느니라. 산짐승들이 그러하고 땅속 미물들이 그러하며 바다의 육식동물들이 그러한 것이다."

은상이 샘을 사랑하는 노산 선생의 그 마음이 가고파 바다처럼 한없이 넓고 포용하는 마음으로 우리들을 다독이고 계실 것이다.

"내 아버지가 이 넓은 땅을 마산시에 기부했고, 내가 '가고파'로 마산을 노래했으니, 이 마산에 깃들이고 있는 목숨 있는 모든 것들을 사랑하고 싶구나. 누군가 나의 마지막 남은 작은 영혼의 쉼터 '은상이 샘'을 어쩐다고 해도 그 사람마저 사랑하고 싶구나. '가고파'란 미운 정, 고운 정도 다 안고 사는 것이라네."

은상이 샘의 복원과 그 사랑에 대해서 말하고자 한다. 그 우물은 당시 마산시의 도로 확장계획에 의해 철거되면서 현재의 위치에 옮겨졌다. 그때 시공사 측은 '은상이 샘'의 물을 그대로 이전하여

상수관을 통하여 물이 흐르게 한다고 했다. 그 계획은 시공사의 설계도에 아직도 있을 것이다. 물이 나오지 않는다면, 그 시공사에서 책임을 져야 할 것이다. 그 당시 그 일에 참여한 사람들 모두가 그 의견에 찬성을 해서 결정된 사항이다.

지금 그 '은상이 샘'을 생각한다. '은상이 샘'에 물이 나오게 하고 우리 시민들이 두레박으로 물을 퍼 올릴 수 있는 정취를 보게 할 수 있었으면 좋겠다. 그것은 현재 이전된 우물을 더 깊이 파면 물이 나올 수 있을 것이다. 그곳은 지대가 낮고 특히나 우물을 팠던 근처 지반이라서 수맥이 통할 것이다. 그리하여 그곳에서 손발도 씻을 수 있는 풍요한 가고파 우물이 되었으면 한다.

그 근처를 공원화하여야 한다고 생각한다. 몽고정처럼 우물 관리 지붕도 세워서 두레박으로 물을 퍼낼 수 있는 곳으로 만들고, 근처에 작은 조경시설도 하여 품위 있는 '은상이 샘'으로 다시 태어났으면 좋겠다. 주변에 들꽃도 소담스럽게 가꾸고 가까운 곳에 차도 마실 수 있는 찻집도 있으면 '은상이 샘'이 '가고파'의 어머니로서 살아 있는 마산인의 긍지로서 '가고파'가 될 것이다.

제 4 장

우리 시가詩歌의 고향 이은상 시인

이경철

봄 처녀 제 오시네
새 풀옷을 입으셨네
하얀 구름 너울 쓰고
진주 이슬 신으셨네
꽃다발 가슴에 안고
뉘를 찾아오시는고.

님 찾아가는 길에

내 집 앞을 지나시나
이상도 하오시라
행여 내게 오심인가
미안코 어리석은 양
나가 물어 볼거나.

아! 그때가 언제였던가. 환하게 오는 봄날 학교 음악실에서 이은상이 시를 쓰고 홍난파가 곡을 붙인 이 〈봄처녀〉를 배우며 뭔지도 모를 것들에 대하여 괜히 가슴 설레었던 날이. 중학교에 갓 입학해 이 노래를 부르며 내 사춘기는 싹텄고 그리운 것을 막연하게나마 그리워하게 됐을 것. 그리고 시를 읽고 끄적끄적 써보기도 했을 것이다.

그렇다. 이은상 선생 시는 내 마음과 그리움과 시의 고향이요 우리네 순정하게 설레는 가슴의 고향일 것이다. 하여 이은상 선생의 좋은 시편들을 감히 '우리 민족 시와 노래의 고향'이라 부르고 싶다.

내 고향 남쪽 바다 그 파란 물 눈에 보이네
꿈엔들 잊으리오 그 잔잔한 고향 바다
지금도 그 물새들 날으리 가고파라 가고파.

어릴 제 같이 놀던 그 동무들 그리워라.
어디간들 잊으리오 그 뛰놀던 고향 동무

오늘은 다 무얼하는고 보고파라 보고파.

그 물새 그 동무들 고향에 다 있는데
나는 왜 어이타가 떠나 살게 되었는고
온갖 것 다 뿌리치고 돌아갈까 돌아가.

이은상 선생이 시를 쓰고 이 시에 감동한 김동진이 처음으로 작곡한 〈가고파〉는 우리 민족이 가장 널리 부르고 있는 가곡이다. 이은상 선생이 자신의 고향 마산 합포만 남쪽 바다를 그린 시이지만 고향이 어딘지 가리지 않고 이 노래를 부르며 누군들 눈물짓게 만드는 시이다.

엄마 치맛자락 붙들고 울긋불긋 꽃대궐에서 삼라만상과 동무 되어 근심걱정 없이 지냈던 어린 시절. 성장해서 그 고향 그 시절을 떠나와 바쁘고 시름 많은 오늘에 살고 있는 우리 모두에게 통과제의通過祭儀로서 다시 그 순정한 고향을 돌려주고 있는 시이기에 신화성, 인류보편성을 띠고 있다.

1990년대 중반 중앙일보 문화부 기자 시절 나는 '전국문화의 현장'이란 연재기사를 기획해 취재에 들어갔었다. 세기말로 접어드는 시점에서 우리 민족의 정체성을 공시적, 통시적으로 알아보기 위해 전국을 시, 군 단위로 나눠 찾아다니며 그 지역 문화의 현장과 전통을 살펴나갔다.

50회, 1년여 가량 연재됐던 그 기획 첫 번째로 마산을 찾았었다.

순전히 위 시 〈가고파〉가 마산으로 먼저 이끈 것이었다. 마산역 스피커에서는 그 가곡이 흘러나오고 있었고 또 그 시비도 서 있어 마산이 문화의 1번지가 되게 하고 있었다. 〈가고파〉의 순정한 가슴들이 있었기에 마산은 또 이승만 자유당 독재에 최초로 항거한 민주화의 고향이 됐을 것이다.

　　어제 온 고깃배가 고향으로 간다하기
　　소식을 전차하고 갯가로 나갔더니
　　그 배는 멀리 떠나고 물만 출렁거리오.

　　고개를 수그리니 모래 씻는 물결이요
　　배 뜬 곳 바라보니 구름만 뭉기뭉기
　　때 묻은 소매를 보니 고향 더욱 그립소.

　홍난파가 곡을 붙인 이 곡도 중학시절 배웠다. 이 노래뿐 아니라 내로라하는 작곡가들이 작곡한 이은상 시를 참 많이도 따라 부르며 고향이며 그리움이며 순정 등 인간으로서 변할 수 없는 가치들을 온몸의 진한 감동으로 깨치고 간직해갔다. 문화의 핵이며 꽃인 시로서 우리 민족, 나아가 인간의 정체성을 감동의 소통으로 깨우치고 있는 게 이은상의 시편들이다.
　2007년 한국현대시 100주년을 맞아 많은 문학단체들이 기념행사와 함께 명시를 선정, 100주년 기념 시선집을 엮었었다. 나도 우리

100년의 시사 중 100편을 선정, 명화와 함께 기념시화집《꽃 필 차례가 그대 앞에 있다》를 펴냈었다. 100편의 시를 고르며 1908년 최남선의 〈해에게서 소년에게〉서 비롯된 한국 현대시 100년은 국권 상실과 분단, 그리고 독재 등 우리 현대사의 질곡을 극복하기 위해 시가 계몽과 현실참여에 집짚된 아픈 역사임을 절감했었다.

〈해에게서 소년에게〉는 소위 계몽하려는 시이다. 제목처럼 바다, 즉 서양의 문물을 받아들이라고 소년을 가르치려는 시이다. 그러나 시는 가르치려는 말보다는 감동과 감응이 본령 아닌가. 가슴 떨리는 소통의 언어가 시 아니겠는가.

일제하의 카프시와 분단 60년의 북한시, 1960년대 이후의 참여시와 민중시 등이 모두 다 크게 보면 〈해에게서 소년에게〉의 계몽, 가르침을 잇고 있는 시들이고 이들의 시가 1960년대 4·19 이후 우리 시단의 전면에서 평가를 받으며 주류를 이뤄온 것이 우리 현대시 100년사였음을 그때 아프게 깨달았었다.

근현대민족사와 함께 한 이런 우리 현대시 100년사는 민족사적으로는 독립과 민주화 지사적, 투사적 시각에서는 영광일지 모르겠으나 시 본령에서 볼 때는 비극이다. 가슴속에서 감동해 좋아하는 시 따로 있고 표면적으로는 시대적 정의며 당위를 외치는 시들을 좋아한다 내세우고 가르쳐야 하는 지금 우리의 시적 현실이 아프다. 우리네 순정과 시와 노래의 고향인 이은상 시편들을 언제까지 가슴속엔 묻어 두고 내세우기 부끄러워하는 사이로 놔둬야만 할 것인가.

제4장 청라언덕과 은상이 샘

제 4 장

좋은 선생님

김진희

고난의 운명을 지고
역사의 능선을 타고
이 밤도 허위적거리며
가야만 하는 겨레가 있다
고지가
바로 저긴데
예서 말 수는 없다.

—이은상 시조 〈고지가 바로 저긴데〉 첫 수

내가 시를 가까이하고 특히 시조를 사랑하게 된 것은 중학교 1학년 이상은 국어 선생님 덕분인 것 같다. 선생님은 서울에서 오신 멋쟁이셨다. 항상 단정한 모습으로 흐트러짐이 없는 선생님의 옷맵시며 걸음걸이, 표정은 우리를 늘 긴장하게 했다. 거기다 서울 말씨에 청아한 목소리로 시조를 낭송할 때면 친구들은 그저 멍하니 선생님을 바라보곤 했다. 친구 영아는 선생님 흉내를 내며 콧소리로 읽어서 우리들은 잔뜩 몸이 오그라든 채 키득키득 웃곤 했다. 수업시간에 용기 있게 읽지 못한 나는 집에 돌아와 이은상 시조를 이불 밑에서 외며 낭랑한 국어 선생님의 목소리를 흉내 내곤 했다.

선생님은 특히 노산 이은상을 이야기할 때 얼굴에 빛이 나고 우리나라의 자랑스러운 분이라며 무척 존경하는 분이라고 하셨다. 어린 마음에 '선생님의 이름과 비슷하니까 좋아하나보다', '친척분이신가?' 생각할 정도였다.

〈가고파〉, 〈성불사의 밤〉, 〈옛 동산에 올라〉, 〈고지가 바로 저긴데〉 등 주옥같은 노랫말을 읽으며 좋은 시를 베껴 쓰고 문예부에서 시집을 만들던 그때 저 깊은 곳에서 시심이 자라고 있었나보다. 선생님의 표정, 말씨, 옷맵시 등 모든 것이 선생님만의 '특별한 기술'로 우리들 마음속에 자라고 있었던 것이다.

한창 사춘기에 접어든 나는 말할 수 없는 정신적 압박을 느끼며 삶에 대하여 나름 진지했었나 보다. 하지만 어떤 역사적 사명을 가지고 어려운 환경을 극복하면서 능선을 넘으면 므엇인가 이룰 수 있다는 것에 희망을 얻었다. 이불 속에서 외던 "고지가 바로 저기다."라는 주문을 외면 힘이 저절로 생기는 것 같았다.

　선생은 있고 스승은 없다는 말을 심심찮게 듣는다. 오늘날 학교는 옛날과 비교할 수 없을 정도로 큰 변화를 가져와 다른 환경이지만 학교는 여전히 교사와 학생 간의 사이에서 교육활동이 이루어지는 곳이다. 아무리 물리적 환경적 큰 변화에도 불구하고 어떤 교육활동보다 더 중요한 것은 교사와 학생 간의 정서적 교감이다. 즉 교사의 긍정적인 한 마디 말에 학생의 진로가 결정될 수 있는 힘을 지니고 있다.

　기너트는 "교실에서 숨 돌릴 틈도 없이 일어나는 사건들에 대해 교사가 어떻게 대응하느냐에 따라 아이들의 품행과 인격이 달라지기 때문에 교사의 반응은 매우 신중해야 하며 모든 상황들을 교사가 인격적으로 처리하기 위해 필요한 것은 바로 '특별한 기술'이다."고 하였다. 자기주장이 강하고 영특하기까지 한 녀석들에게도 새삼 그 특별한 기술이 필요함을 절감한다.

　학생을 가르치는데 교사의 바람직한 인격도 중요하지만 좋은 선생님이 되기 위해서는 '특별한 기술'이 필요하다고 책에서는 강조하고 있다. 따뜻하고 인내심 있고 상냥한 교사도 여전히 교실의 문제를 극복하기란 어렵다고 하니, 학생들의 기억 속에 남는 좋은 선생님 되기는 정말 어려운 것이다.

　갈수록 삶이 팍팍하고 어렵고 힘들다고 한다. 이 어려움의 끝을 알 수가 없다. 미래가 보이지 않는다고 한다. 캄캄하다. 고지가 바로 저기라고 말해 줄 부모도 스승도 상사도 없다. 그저 바람을 맞을 뿐이다.

하지만 부모나 스승은 학생들에게 고지가 바로 저기 있다고 희망을 가르쳐야 한다. 도중에 내리지 말고 허위적거리며 가야 한다고 가르쳐야 한다. 부딪히고 넘어지고 깨어져도 부둥켜안고 가야 한다고 가르쳐야 한다. 그러면 먼 훗날 웃는 모습을 볼 수 있다고 이은상 선생은 예전부터 우리에게 가르쳐 주지 않았는가.

이 어렵고 힘든 세상에 생각의 씨앗 한 톨, 마음속에 심을 시 한 편이라도 학생들에게 심어주는 참 스승이 되어야겠다. 점점 멀어져간다는 학생과 교사, 제자와 스승 사이에서 시 한 편, 시조 한편 읽어주는 선생이 되어 그 간극을 좁혀야 하겠다.

생각의 씨앗이 한창 자라고 있을 아이들에게 나는 훗날 어떤 모습으로 기억될까를 생각하면 부끄럽기 그지없다.

좋은 선생님이 되는 길은 학생을 진심으로 사랑하는 마음과 함께 무한한 인내가 요구된다. 어떤 첨단 매체보다 개개인의 삶을 중요시하며 나만의 '특별한 기술'로 어떤 제자라도 포기하지 않겠다는 교사의 굳건한 마음이 절실할 때다.

제 5 장

역사적 진실과 고언

제 5 장

노산 선생의 백운산白雲山 은거지 답사

김교한

1.

한국민의 민족사상 말살을 꾀하던 일제가 1942년 수차에 걸쳐 마지막 민족운동 단체로 그들이 주목해 온 조선어학회* 회원 33인 (이은상 포함)을 붙들어 가 가혹한 취조와 고문을 가하여 구속 조치한 사건을 조선어학회 사건이라 함을 우리는 잊지 않고 있다.

＊본문 중 조선어학회 관련 기록은 1971년 12월 3일 간행《한글학회 50년사》에 의거한 것임.

일제의 언론 탄압이 심해질 무렵 노산 선생은 1938년 조선일보를 그만두고 전남 광양 백운산에 은거 중 조선어학회 관련으로 1942년 12월 23일 검거되어 함경도 홍원경찰서 유치장에서 1년간 옥중생활을 하다가 함흥형무소로 넘어가 1943년 9월 18일 기소유예로 석방되었다. 함흥형무소를 나온 1943년 이후 해방 때까지의 선생의 행적에 대하여 일부에서 친일 의혹설을 제기한 바 있어, 진위는 구체적인 자료에 의해 꼭 가려져야 한다고 믿어왔다.

　마산시가 시민 정서 함양 및 문화적 기반과 긍지의 고양을 위하여 노산문학관 건립계획을 발표하고도 문학단체와 대다수 시민들의 환영에도 불구하고 사업추진에서 주춤거리며 시기를 늦추어 온 이유를 짚어 보지 않을 수 없었다.

　그 주된 이유는 노산 선생에 대한 일제 말기의 행적 논란에서 의연하게 밀고 나갈 힘있는 자료가 뒷받침되지 않았기 때문이라 보았다. 그러므로 진실하고 구체적인 확인 과정을 거쳐 그 떳떳한 자료를 내놓는 것만이 의혹과 불신을 해소하는 마지막 해답이라는 것을 믿었다.

　노산 선생이 친일을 했을 것이라는 설說이 누구에 의해서 무슨 근거에 의해 나왔는지 이해할 수 없었다. 일제 탄압에도 굴하지 않고 우리말 우리글만 보존하면 언젠가 독립을 되찾을 수 있다는 믿음으로 뭉친 조선어학회 회원으로서 애국운동을 하다 구속되어 가혹한 옥중 생활을 감당해 온 선생의 떳떳한 행적을 일부에서는 너무나 다르게 이야기하고 있었다. 조선어학회 관련으로 홍원경찰서 유치장에 구속된 사람들이 받은 고문은 물 먹이기, 공중에 달아 치기, 비행기 태우기, 메어치기, 불로 지지기, 개처럼 사지로 서기, 뺨치기, 얼굴에 먹물로 악마 그리기, 동지끼리 서로 치게 하기 등 이었다는 기록을 보고 놀랐다.

2.

 1943년 9월 이후의 노산 선생의 행적을 확인하고자 여러 대학 도서관을 다니며 관련 서적 자료를 찾아보고 《노산시즈집》 등 저서를 살펴보는 과정에서 중요한 자료를 발견하게 되었다.

 1958년 5월 15일 간행한 《노산시조선집》에 옥중음獄中吟이라는 중간 제목 서문에 함흥형무소에서 출옥한 후 해방 때까지의 행적 개요가 간략히 기술되어 있어 여러 번 읽고 또 읽어 보았다. 이 〈옥중음〉에는 서문 외에 홍원옥중, 함흥옥중, 광양옥중에서 읊은 시조 15제목 25수가 담겨 있다. 구체적인 자료가 되기 때문에 〈옥중음〉의 서문과 세 곳 옥중에서 읊은 시조 2제목씩 6제목 11수를 골라 보았다.

● 자료 1

獄中吟

1942년 가을*, 조선어학회 사건으로 咸鏡道 洪原경찰서 유치장에 갇히어 1년을 지내고 다시 咸興감옥으로 넘어갔다. 얼마 뒤에 咸興감옥에서는 잠시 놓여 나와 妻子를 데려다 둔 全羅道 光陽 白雲山 밑으로 돌아갔건마는 다시 또 예비검속이란 명목으로 그곳 경찰서에 갇히어 해를 보내다가 해방과 함께 풀려 나왔다. 그 동안 세 군데 獄中에서 읊은 노래들이 꽤 있었건마는 거의 다 잃어버리고 해방된 뒤에 겨우 몇 조각만을 거두어 두었던 것 중에서도 여기 몇 편만 추려 싣는다.

　　　　　＊1942년 가을 : 조선어학회 인사 구속 시작한 때(필자 주).

| 洪原獄中 |

어머님께 드리는 편지

어머님 보내 주신
두둑한 솜이불 덮고
얼음 같은 마루방에서도
차운줄을 몰랐습니다

겨우내 어머님 품속에서
코만 드렁드렁 굴었습니다
철창에도 봄이 왔습니다
인제는 한결 쉽습니다
몸은 못 돌아가고 빈 이불만 보냅니다
짐 뭉치 받으시거든
부디 우시지 마옵소서

이 이불 펼치시면
이가 우글부글 하오리다
그래도 친구들이랑 같이 앉아 病 없이 나고
언제나 웃는 얼굴이오니
安心하시옵소서

비 파

얼굴은 여위라 하라
風化 안 되는 心臟이다
그러길래 내 노래는 피어린 옛 곡조다
철창 살
두 손으로 움켜잡고
琵琶 마냥 타 본다

| 咸興獄中 |

그에게로 던지자

가슴 한 구석에 패어진 낭떠러지
메울 수 없는 벼랑 밑에 웃고 선 이가 있다
한 송이 시들은 꽃이나마
그에게로 던지자

가냘픈 가지 끝에서 바람에 지치고 말라
떨어져 가는 그대로 아무 미련도 없다
차라리 아름답지 아니하냐
그에게로 던지자

내가 아직 살았는가

깊은 밤 찬 마루에 누워
숨소리를 들어본다
내가 아직 살았는가 그래도 못 미더워
손목에 뛰는 맥박을 슬그머니 짚어본다

한 바다 물거품 하나 눈앞에 떠오른다
웃어본다는 게 어째 씁쓸한 표정이냐
주먹을 힘 주어 쥔 양
언제 그대로 잠이 든다

| 光陽獄中 |

해바라기
―유치장 마당 담 밑에 해바라기가 많이 심겨져 있다

나는 驛머리에 선
한 송이 해바라기
아침이 오면 숙였던 고개를 들고
너희랑 나뉘는 交叉點에서
汽笛 소리를 들을 게다

나는 밤을 보내는
한 송이 해바라기
눈물로 얼굴을 씻고 님 만나는 아침이면
한사코 따라만 가련다
밤이 없는 나라로

南風賦

읽다 둔 책장을랑 덮지 말고
펴 두시오
南風이 날 대신 내 방으로 불어들어
뒤지며 펄럭이거든
날 본 듯이 여기오

―1958년 5월 15일 간행《노산시조선집》에서

3.

　상기 《노산시조선집》의 〈옥중음〉 서문에 명기된 내용은 참으로 명료하여 잔잔한 믿음을 주었다. 마음 내친김에 노산 선생이 일제 탄압을 피해 은거한 백운산을 직접 찾아가 그 당시의 생생한 자취를 답사하기로 하였다. 선생이 걸어온 한 시점의 자국을 따라 일시 방랑객이 되어 직접 눈으로 확인하고, 모르고 있었던 자료를 있는 그대로 수집하여 알리는 것이 문학 후배로서 할 임무라고 생각했다.

비석 전면 모습

　지난 5월 광양 쪽 사람에게 전화를 통해 노산 선생의 백운산 은거 사실을 물어 보았더니 광양서초등학교 교가 가사를 지은 것을 알고 있었다. 조금 있다가 노산 선생이 은거한 곳을 알려 주었다. 백운산 여러 곳을 방랑했으나 주로 오래 은거한 곳은 광양시 진상면 신황마을 황호일 님 댁과 같은 면 지랑마을 김현주 님 댁이었으나 두 분 다 고인이 되었다.

　설레는 마음으로 찾아간 것은 6월 10일 창원역에서 목포행 무궁화호를 타고 갔다. 하동 섬진강을 지나 산중

광양시 진상면 신황마을 53번지 황호일 님 집 대문 입구. 노산 선성이 은거한 곳, 그 당시 집은 불타고 재건축한 목조기와집. 지금은 황하운 님이 거주하고 있음

한적한 진상역에서 내려 황호일 님의 장남 황하운 님을 만나 그분의 안내에 따라 먼저 진상중학교에 갔다. 교문을 들어서자 오른쪽에 큰 비석이 서 있었는데 '진상중학교 사적비'였다. 이 비문은 건립 주체인 진상중학교 동창생들의 요청에 의해 노산 선생이 썼음을 한눈으로 볼 수 있었다. 이 비문 가운데 주목할 만한 기록이 있었다.

앞에 언급한 황호일 님을 일제하 백운산에서 단나 지낸 인간적인 관계며, 노산 선생이 백운산에 은거 중 광양경찰서에 구금되었다가 해방과 함께 석방된 사실이 담겨 있으니 그 비문이 참으로 예사롭지 않았다. 그리고 진상중학교 설립에 황호일 님의 큰 공적과 김현주 님 외 여러분이 베푼 협찬의 미담이 함께 기록되어 있었다. 사적비 전문을 말미에 붙여 구체적인 자료로 제시하고 싶었다.

　황하운 님의 안내에 따라 노산 선생이 묵고 지낸 백운산 속 신황마을을 찾아갔다. 수자강댐 안쪽으로 깊은 산중에 들어가니 숲속에 집이 몇 채 있는 마을이 있었다. 옛집들은 다 불타고 재건축한 집이었다. 선생이 은거한 황호일 님 집 뜰에 서보니 감회가 무량했다. 산새 소리 바람 소리조차 아득하기만 하였다. 잠시 쉬었다가 백운이 감도는 산협을 뒤돌아보며 떠나왔다.

　지랑 마을 김현주 님 댁으로 방문했을 때는 삐딱한 나무 대문이 잠겨 있어 들어가지 못하여 다음에 찾아보기로 하였다. 종일 안내

광양시 진상면 지랑마을 1329번지. 김현주 님 집. 노산 선생이 은거한 아래채 목조기와집. 지금은 타인이 관리하고 있음

를 해 준 황하운 님은 광양향교 전교를 지냈으며 대를 이어 백운산을 지켜나갈 분으로 보였다.

다시 답사에 나섰다. 지난 6월 19일 사전 연락을 해놓고 이미 고인이 된 김현주 님 댁을 방문했다. 지랑 마을은 역에서 마주 보이는 그리 멀지 않는 산기슭에 있었다. 김현주 님의 제씨 김기주 님의 안내에 따랐다.

노산 선생이 은거한 목조 기와집은 아래채인데 아직도 그대로 보존되고 있었다. 세월 건너 강 건너 선생이 기거했던 방 앞 대청마루에 앉아 속 대화를 나누었다. 뜰에는 70년 자랐다고 하는 키 낮은 감나무 한 그루가 그리운 눈길을 주었다. 김현주 님의 장손(김계한)이 살다가 문패만 달아놓은 채 타처로 떠나고 타인이 집 관리를 하고 있었다.

4.

노산 선생은 해방 전이나, 해방 후 백운산을 떠났어도 소원하게 지내지 않았음을 알게 되었다. 그곳 초등학교 교가 가사를 지은 일이며, 황호일 님 장손자(황상보) 결혼식 주례를 맡아 준 일과 진상중학교 사적비를 세울 때 동창생들의 요청에 따라 비문을 써준 일 등을 봐도 늘 백운산 쪽을 잊지 않고 지낸 두터운 인간관계를 엿볼 수 있었다. 노산 선생의 은거 행적이 곁들여져 있는, 제2의 고향다운 정서가 담긴 진상중학교 사적비가 풍우와 벗하여 굳건히 백운산을 쳐다보고 서 있었다.

백운산을 여러 번 답사한 보람은 헛되지 않았다. 일제 말기에 노산 선생이 백운산 밑에 은거한 그 마을과 주택을 확인한 일이며 거기서 구금, 해방된 흔적이 담긴 진상중학교 사적비를 처음으로 만난 것과 백운산 마을에서 노산 선생과 은거 생활을 함께한 황호일 님의 장남 황하운 님을 만나게 된 것은 행운이었다. 이것은 앞에 예시한 《노산시조선집》에 수록된 〈옥중음〉 제목의 서문 내용을 그대로 정직하게 뒷받침해 주는 살아 있는 자료들이었다.

1943년 9월 18일 함흥 옥중에서 기소유예로 나온 이후 해방 때까지의 노산 선생의 행적은 분명해졌다. 백운산에서 은거 중 사상예비 검속으로 광양경찰서 유치장에 구금되었다가 해방을 맞아 석방(1945. 2. 2~1945. 8. 15)된 사실 그대로였다. 노산 선생은 조선어학회 사건 이후 늘 일제의 감시대상자였음이 드러났다. 문학인으로서도 그만한 거봉이었음에도 보기 드물게 일제에 굴하지 않고 꿋꿋이 지내온 분이었다.

상상이나 유언流言을 가지고 말하고 싶지도 않았다. 사실을 있는 그대로 보고, 그대로 전하고 싶어 기록을 찾아내고 답사를 하여 자료를 내놓게 되었다. 몇 년이 지나도록, 의문설에 묶이어 주춤거리는 시 당국에 현안이 되어 있는 한 시점의 참고자료로 내놓고 싶었다.

진상중학교 사적비 학교 운동장가에 우뚝 서 있는 이 비석 비문은 동창생들의 요청에 의해 노산 선생이 썼음. 비문에는 노산 선생의 행적도 일부 담겨 있음.

● 자료 2

진상중학교 사적비 전문

조계산 한 가닥이 백운산으로 뻗어 내린 아래 2000년 오랜 전통을 지녀 온 역사 깊은 고을이 있으니 광양군이요. 수자강 줄기가 섬진강으로 흘러내린 서쪽 언덕에 기름진 터전을 이루니 여기가 바로 광양 고을의 진상면이라. 산 좋고 물 맑은 고을이라 내가 일찍 일제의 압정을 피해 숨어 거할 곳을 찾은 데가 거기요 방랑하던 곳도 거기요. 그러다 마침내 왜경에 체포되어 옥고를 치르다 해방을 만난 곳도 거기다.

광양은 언제나 잊지 못하는 곳이려니, 그런 인연으로 그곳 청년들이 서울로 나를 찾아와 진상중학교의 피땀 괸 연혁을 비에 새기고자 글을 청하는데, 특히 그 설립자가 서운 황호일 님이란 말에는 다시금 옛 기억을 되새겨 자못 깊은 감회에 잠기지 않을 수 없다. 그는 젊어 적수공권으로 주물공장을 경영하여 깨끗한 재산을 모았으나, 일제시대에 민족울분을 참지 못하고 백운산에 들어가 엎디어 지냈는데, 나 또한 숨어 다니던 때라 그 산에서 서로 만나 회포를 바꾼 일이 있던 분이다.

해방된 후 서희수 님 등 유지들이 그를 찾아 중학설립 문제를 건의하자 그는 유쾌히 논 200두락을 희사하였고, 지방유지 김현주님도 100두락을 기부하고, 김철주님으로부터 1,000여 평 기지를 기증받아 공사를 진행하면서 1948년 10월 15일 진상면 회의실을 빌어 개교하고 다시 이듬해 1월 22일 신축교사로 옮겨갔으나, 체제를 갖추기에는 너무도 부족하여 그는 몸소 나서 심혈을 기울였고, 면민들도 집집이 40여 일씩 땀을 흘려 마침내 그 준공을 보는 동시에 1950년 5월 20일 진상중학교의 인가를 얻으니 얼마나 기쁜 일이었으랴.

더욱이 그 동안에 2000여 명의 졸업생들이 사회로 나가 모두들 크게 쓰이니 과연 나무를 심어 열매를 거둠과 같다. 인재를 기르는 거룩한 학원과 설립한 공로자들과 땀흘린 면민들에게 세세대대에 큰 축복이 있으리라.

　　　　　　─1966년 12월(이은상 글, 김기승 글씨 동창생 일동 세움)

　　　　　　─《경남문학》 56호(2001. 가을)

제 5 장

노산 선생의 은거지 백운산은 말한다

김교한

1.

노산 이은상 문학관의 건립 사업은 전국적인 관심사로 떠올랐다. 마산시 당국이 이 사업의 추진에 나선 지 3년을 넘겼다. 문광부의 건립비 지원 승인이 났음에도 문학관의 명칭 문제로 장고長考를 거듭해 왔다. 노산 선생의 행적을 재조명하기 위해 지역 의회와 방송사에서 두 차례의 공청회가 열리기도 했다. 특히 노산 선생의 일제 말기의 행적에 대한 부정적 상상은 이 글을 통해 완전 해소되기를 바란다.

　문학관의 건립이나 문학관의 명칭에 대한 논란을 떠나서 객관적인 자료에 의거 그 이름을 제자리에 놓이게 해 주는 절차가 먼저인 것이다. 노산 선생의 행적 중 특히 어두웠던 시절 일제 말기의 행적에서 친일, 항일에 대한 논쟁은 막연하게 우겨댈 것이 아니라 그 시기의 구체적이고도 객관적인 근거에 의해 투명하게 걸러져야 할 것이다. 그리고 해방 후의 행적은 한자리에 모으기란 그리 어려운 일이 아니기 때문에 지면 관계도 있고 해서 다음 기회로 넘기기로 한다.

　조선어학회 사건 관련으로 1942년 홍원경찰서, 함흥교도소에 구금되었다가 1943년 9월 18일 기소유예로 석방된 이후 해방 때까지의 노산 선생의 행적에 대하여 일부 사람에 의한 친일 논란을 계기로 마음 다잡아 선생의 백운산 은거에 관한 여기저기 기록을 모아, 진실 규명을 위해 한 번도 가보지 못했던 백운산(광양)을 여러 번 답사하여 진실이 살아 있음의 결과를《경남문학》2001년 가을호에 구체적인 자료를 중심으로 발표한 바 있었다.

　그 주된 내용은 노산 선생이 일제 말년에 광양경찰서에 재구금되어 옥중 생활 중 해방을 맞이한 것이었다. 그 근거는《노산시조선집》중의 기록과 광양시 '진상중학교 사적비'의 관련 기록, 은거지 마을 주택 답사 등에서 확인된 것이다.

　그리고 노산 선생이 백운산(광양) 여러 곳을 방랑했으나 주로 오래 은거한 곳은 진상면 신황마을 황호일 님 댁과 지랑마을 김현주 님 댁이었으나 두 분 다 고인이 되었기에 황호일 님의 장남 황하운 님(77세, 전 광양시향교 전교)의 안내를 받아 두 곳 은거지와 '진상중학교 사적비'를 직접 보고 온 것이다.

그 뒤에 다시 광양을 방문했다. 새로운 사실을 찾아내었다. 노산 선생의 자취는 남모르게 잠들고 있었다. 두꺼운 책 속의 한두 줄의 글은 그냥 묻혀버릴 수 있고, 노산 선생을 알고 있는 한두 사람도 세월이 좀 지나면 있어 주지 않는다. 증언도 영원히 상실하게 된다. 한 역사의 진실이 아득히 매몰될 위기의 시점에 서 있다. 세간에 떠도는 유언流言은 이제 엄연한 진실 앞에 조용히 잠들게 되었다. 이번 광양 방문에서 획득한 소중한 자료를 추가하여 발표함으로써 노산 선생의 일제 말기의 행적에 대한 논의는 일단 마무리 짓고자 한다.

2.

《노산시조선집》에 〈새앙쥐〉라는 단수 시조가 있다.

혼자 앉아 조용하매 빈 방인 줄만 알았던지
새앙쥐 새끼 기어 나와 까불댄다
바시락 소리도 못 내고 숨소리마저 죽여준다.

광양 칠성리에서 지은 것으로 되어 있다. 이 시조를 보면서 백운산 밑 진상면 신황마을과 지랑마을 외에 광양읍 칠성리에서도 은거한 사실이 짐작되어 다시 더 심도 있는 광양 답사에 나서기로 했다.

1938년 노산 선생이 조선일보를 나온 후 해방 때까지 백운산 밑에 8년간 은거 생활을 하였으며, 두 차례 일제에 구금 옥중 생활을 해 온 사실 등을 고려해 볼 때 새로운 자료를 더 찾아낼 수 있을 것이란 예감이 들었다.

지난해 12월 21일 창원역에서 열차를 타고 또다시 광양을 찾았다. 광양은 이제 친근감마저 들었다. 광양에서 새로 발견한 것은 노산 선생의 행적을 입증할 수 있는 또 하나의 귀중한 자료였다. 《광양군지》와 《이경모 사진집》이 그것이었다. 참으로 놀라운 성과였다.

1983년 광양군지편찬위원회가 발행한 《광양군지》에 수록되어 있는 노산 이은상 선생에 관련된 해당 기록을 그대로 여기에 옮겨 보기로 한다.

1. 解放과 政府樹立

해방 당시 光陽의 여러 상황에 대한 객관적 파악은 좀더 시간이 흐른 뒤에 다각적이고 신중한 검토를 통하여 이루어져야 한다고 생각된다. 그러나 당시 이른바 좌파와 우파의 활동과 그 활동의 목적이 각각 달랐던 것만은 확실한 것 같다. 1945년 8월 16일 鷺山 李殷

相(1938년부터 광양에 은거하여 광양경찰서 유치중에서 해방을 맞음)을 중심으로 우파의 한 단체가 성립되었다고 전해지며 이러한 상황은 좌파에서도 마찬가지였던 것 같다. 治安의 구방비 상태에서 여러 단체가 결성되었다는 것은 오히려 자연스러운 일이었을 것이다. 그러나 양측은 8월 17일 오전 10시, 합동으로 光陽西國民學校에서 郡民大會를 열었다.

—《광양군지》에서

노산 선생이 1938년부터 광양에 은거하여 광양경찰서 유치장에서 해방을 맞이한 생생한 증언의 진본이 여기 있었다.

《이경모 사진집》은 1995년 10월 출판사 '눈빛'에서 간행한, 1945년에서 1995년까지 찍은 사진을 모아 해설을 붙인 사진첩이다. 이경모 님은 1926년생으로 광양에서 생장한 사진작가로 지금은 고인이 되었다 한다. 제9회 한국사진대전 심사위원장(1990년), 화관문화훈장 수훈(1992) 등 경력을 가지고 있었다. 《이경모 사진집》 중에서 노산 선생에 관련된 기록을 발췌해 옮겨 본다. 그리고 1945년 8월 15일 광양경찰서 무덕전에서 노산 선생이 참석한 시국수습 군민회의 장면 사진도 사진집에 적혀 있는 해설 그대로 복사해 붙여 본다.

전남 광양경찰서 무덕전에서 열린 시국수습 군민회의 왼쪽의 안경 낀 이가 노산 선생.
1945년 8월 15일 오후(이경모 사진집에서)

노산 이은상 선생님과의 인연

필자가 본격적으로 사진계에 발을 딛게 된 계기는 노산 이은상 선생님과의 만남이었다. 당시 광양 지방의 유지였던 아버님의 심부름으로 밤이면 가끔 손가방이나 배낭에 쌀을 담아 광양읍 칠성리에 있는 일본 큐슈 제국대학 연습림 사무소(현 서울농대 실습림) 뒤쪽에 있는 아주 작은 세 간짜리 초가집에 갖다 드리곤 하였다.

해방이 되고 나서야 비로소 안 일이었지만 이 분이 바로 노산 이은상 선생님이셨다. 조선어학회 사건으로 함흥 형무소에서 옥고를 치른 선생은 광양에 내려와 은둔생활을 하셨으며 해방 후에 전남 건국준비위원회 부위원장이 되어 광주로 올라가셨다.

—《이경모 사진집》에서

    노산 선생이 일제 말 8년간 백운산 밑에 은거 중 광양읍 칠성리에서도 은거한 사실이 밝혀졌다. 노산 시조 〈새앙쥐〉에서 본 칠성리가 바로 이곳이었음이 확인된 셈이다. 이경모 님은 어릴 때 부친의 심부름으로 밤에 쌀을 갖다 나른 인연으로 해방 후 노산 선생의 배려로 호남신문(광주일보 전신) 사진부장 직을 맡게 되어 사진계로 진로를 정했다는 것이다.

3.

    2002년 3월 25일 다시 광양을 찾았다. 수소문 끝에 광양읍 읍내리 거주 이용학 님(79세 전 교육장)을 만나게 되어 백운산 답사는 끝을 맺게 되었다. 노산 선생이 은거한 칠성리 주택을 알고 계신 유일한 분이었다. 노산 선생을 알게 된 것은 부친이 경영하는 한의원에 가끔 다녀 가시고 해서 알게 되었으며 무척 귀여워해 주었다고 했다. 이용학 님이 전북 고창보고에 다닐 때라고 했다.
    이용학 님의 안내로 칠성리를 찾아갔다. 현재 살고 있는 집 주인은 장차남(79세) 할머니였다. 아직 건강하였으며 해방 후 노산 선

새로 찾아낸 노산 이은상 선생의 은거지
광양읍 칠성리 334번지 집. 장차남 할머니가 해방 후 입주하여 살고 있음(슬레이트 집)

생의 집을 인수하여 계속 거주하고 있다고 했다. 나지막한 슬레이트 3칸 집이나 그 당시는 초라한 초가집이었고 조그마한 갓 방이 노산 선생이 쓰던 서재라 했다.

이용학 님은 말했다. 노산 선생은 일제의 감시를 받아온 민족 운동가로 알고 있다고 했다. 해방 직후 노산 선생의 지시를 받고 태극기를 여러 개 만들어 갔더니 광양서초등학교 운동장에서 열린 군민대회 때 나누어 주어 사용하게 한 것과 노산 선생이 단상에 올라 강연을 하는데 눈물을 흘리며 "친애하는 군민 여러분"을 외쳤을 때 감동을 받은 기억이 생생하다고 했다.

노산 선생의 일제 말기에서 해방 때까지의 행적은 광양의 현전 기록물에서 그리고 그 당시 인연이 있었던 생존 인사 두 분(황하운 님과 이용학 님)의 증언을 종합해 보면 다음과 같이 정리할 수 있다. 이것은 《노산시조선집》 중의 시조 제목 〈獄中吟〉의 서문(자료

1)과[1] 노산 선생이 쓴 '진상중학교 사적비'의 비문(자료 2)에 기록되어 있는 내용을 확실하게 뒷받침해 주고 있다.

① 1938년 조선일보를 사직하고 나온 후부터 해방 때까지 백운산 및 광양을 중심으로 은거 생활을 했다.

② 조선어학회 사건 관련으로 1942년 12월 홍원경찰서, 함흥교도소에 구금되었다가 1943년 9월 기소유예로 석방되어 다시 백운산 밑에 은거하였다.

③ 일제 말년에 다시 광양경찰서 유치장에 구금 중 옥중에서 해방을 맞이하였다(1945. 2. 2~1945. 8. 15).

④ 1945년 8월 15일 오후 광양경찰서 무덕전에서 시국수습 군민회의를 열었다.

⑤ 해방 직후 광양서초등학교 운동장에서 열린 광양군민대회에서 강연을 하였다.

⑥ 지금까지 드러난 은거지는 백운산 밑 신황마을과 지랑마을 그리고 칠성리였다.[2]

---

1) 1942년 가을, 조선어학회 사건으로 함경도 홍원경찰서 유치장에 갇히어 1년을 지내고 다시 함흥감옥으로 넘어갔다. 얼마 뒤에 함흥감옥에서는 잠시 놓여 나와 처자를 데려다 둔 전라도 광양 백운산 밑으로 돌아갔건마는 다시 또 예비검속이란 명목으로 그곳 경찰서에 갇히어 해를 보내다가 허방과 함께 풀려 나왔다. 그동안 세 군데 옥중에서 읊은 노래들이 꽤 있었건마는 거의 다 잃어 버리고 해방된 뒤에 겨우 몇 조각만을 거두어 두었던 것 중에서도 여기 몇 편만 추려 싣는다(1958년 간행 《노산시조선집》 중의 시조 〈옥중음〉의 서문).
2) 상기 6개항 중 ①②③④항은 현전 기록물에 의한 확증이고 ⑤항은 이용학 님의 증언임. ⑥항의 칠성리는 기록에 의한 것이고, 신황마을, 지랑마을은 황하운 님의 증언에 의함. 모두 현지 답사함.

4.

노산 선생과 광양(백운산)과의 관계는 참으로 두텁고 믿음으로 차 있었다. 인연 깊은 제2의 고향이라 할 수 있는 광양을 어찌 잊을 수 있겠는가. 광양은 그토록 해방 때까지의 생생한 선생의 자취를 기록으로 또 기억으로 말해 주어 부정적 가상假想을 잠재웠다.

특히 일제 말 1943년 함흥교도소에서 나온 후 해방 때까지의 노산 선생의 행적에 대하여 구체적인 문헌을 중심으로 그 객관적인 자료가 말해 주었다. 노산 선생은 항일 애국의 길을 걸었고, 민족 문학을 지킨 거목이었다. 선생이 남긴 수많은 산문과 2,000여 수의 시조에서 한결같은 줏대가 그것이었다.

언젠가 훗날 유서 깊은 가고파의 노비산에 노산문학관이 건립된다면 단순한 보존과 전시의 역할에 그치지 않고 지역 문학인 전체의 활동 공간과 청소년, 시민의 문화 휴식의 무대로 활용되는 생기 있는 문학관으로 운영되기를 바랄 뿐이다.

백운산(광양) 답사를 위해 남도의 동서를 다섯 번 왕래하였다. 노산 선생의 은거지 백운산 답사에 결정적인 실마리를 꺼내 주신 광양의 유 선생님, 친절하게 안내해 주신 황하운 님, 이용학 님 그리고 주 선생님께 깊은 감사의 뜻을 표한다.

이밖에도 관련 자료가 더 있지만 지면 관계도 있고, 조금은 아껴

---

3) 백계산 동백림 : 전라남도 기념물 제12호로 지정되어 있음(광양시 옥룡면 산).

두는 것이 어떨까 하여 다 수록하지 못한 아쉬움을 남긴다.

 노산 선생의 시조 〈백계산 동백림〉을 붙인다. 광양의 〈마을 유래지〉(1988년 간행)에서 캐내었다. 시조집에는 보이지 않는 작품이다.

백계산 동백림

이은상

백계산 동백림³⁾에 봄이 하마 어지렸다
가슴속 옛 기억이란 이리도 쓰라린 건가
동백꽃 백년 핀데도 내사 어이 보겠나.

백계산 동백림에 꽃 한창 피거들랑
그대들 부디 와 눕고 앉고 거닐어 보세
내 차마 못 보는 뜻을 그제사 짐작하리.

—《경남문학》 59호(2002. 여름)

● **참고자료**
《노산시조선집》,《광양군지》,《마을 유래지》
《광양문화》,《한글학회 50년사》,
《이경모 사진집》, 진상중학교 사적비 등

제 5 장

노산 선생 3·15의거폄하 논란 진의 분석
―노산 선생은 3·15를 폄하하지 않았다

오하룡

1. 논란의 시작

언제부터인지 우리의 저 명가곡 〈가고파〉의 작사자인 시인 노산 이은상 선생이 〈가고파〉의 무대이며 자신이 나고 자란 고향 마산에서 백안시되는 대접을 받고 있어서 놀랐다.

그 이유가 무엇인지 처음에는 뚜렷하게 거론되는 것도 아니었다. 얼핏 친일을 하였다는 풍문이 들렸다. 그러다가 3·15의거를 폄하했기 때문이라는 소문이 들렸다. 그러더니 나중에는 독재에 부역했다는 섬뜩한 말이 등장하였다.

그러더니 어느 사이에 평생을 친독재 정권에 영합하여 양지를 지향하는 기회주의적 삶을 살았다고 비약하는 것이었다. 이 표현은 그가 거친 당시의 이승만, 박정희, 전두환 정권 등에 협조하며 처신한 것을 빗대는 것으로, 필경 친독재적인 삶이란, 일신의 영화(?)를 추구하여 정권에 의지한 삶이었다는 것을 강조하기 위한 것이 아니었나 싶다.

필자가 살펴본 바로는 노산 선생은 친일이 없는 것으로 밝혀져 이 문제를 처음 제기했던 시민단체조차 지금은 거론을 하지 않고 있는 것으로 증명이 되었다고 보며, 친독재 영합도 노산이 정치에 앞장서 실질적으로 부정선거를 획책하거나 군사정부를 찬양하지 않는 한, 평생을 애국애족자로 문학가의 삶을 살아온 사람의 평범한 신념이라고 볼 때 그것을 문제 삼을 수가 없는 것이 아닌가 하는 것이다. 그의 많은 작품을 보면 이 부분은 충분한 증거가 되고도 남는다.

나머지 한 가지 그의 고향 마산의 일부 시민단체가 노산이 3·15의거를 폄하했다는 논란을 벌여 지역사회를 어둡게 하는 것에 대해서도 곡해한 부분이 원인으로 보여 필자가 부족한 대로 그 규명에 나서 보는 것이다. 3·15가 일어난 지 올해로 56주년을 맞고 있다. 노산 선생이 3·15의거 폄하자로 몰려 어두운 대접을 받은 기간도 그 기간이라는 계산이 된다. 반백년이 넘어섰다. 필자의 분석으로 하여 더 이상 논란은 마침 점을 찍어야 하고 노산 선생에 대한 어두운 그늘도 명쾌히 제거되기를 바라는 것이다.

2. 논란의 핵심

노산 선생의 소위 3·15의거 폄하발언으로 회자되는 중요한 발언을 보면 다음 세 가지로 요약된다. **"도대체 불합리 불합법이 빚어낸 불상사다."** **"지성을 잃어버린 데모다."**, **"'무모'한 '흥분'**이다."라고 하였다는 것이다. 그러니까 3·15의거를 **'도대체 불합리 불합법이 빚은 불상사'**라고 매도했다는 것이다. 그런데 여기서 먼저 살펴야 하는 것은 당시는 '3·15의거'가 아닌 '마산사건' '마산사태'였다는 사실이다. '마산사건' '마산사태'를 '3·15의거'로 받아들이면 우선 거부반응이 올 수밖에 없다. 의거인데 왜 사건 또는 사태냐 하는 반발이 나오기 때문이다. 다음으로 이 문장을 잘 살펴보면 '빚어낸'이 가진 앞의 의미에 대한 연결고리 역할이다. 즉 자칫 '빚어낸'을 예사로 여기고 '을'로 보면 의미가 확연히 다를 수 있는 것이다. '마산사태'를 '3·15의거'로 인식하면 '불합리 불합법의 불상사'는 '3·15의거'가 일어나선 안 될 일로 받아들여지기 때문이다. '빚어 낸'이 들어가면 '불합리 불합법'이 당시 3·15의거를 일어나게 한 정부, 즉 자유당 정부가 '불합리 불합법'으로 부정선거를 빚었기 때문에 '불상사', 즉 일어나선 안 될 사건이 난 것으로 바로 이해가 된다. 그런데 '빚어 낸'이 아닌 '을'로 받아들이면 '3·15의거'가 불순한 '불합법 불합법의 불상사'가 되는 것이다. 당시의 시대상황이나 앞뒤 문맥을 보지 않고 이 문맥만 보아서는 "노산 선생이 그런 말을 했어? 어른이 노망했군."라고 할 만하다. 다른 두 문맥도 마찬가지다. '3·15의거가 어떤 의미인데 마산이 고향인 노산 선생이 '3·15의거'를 그럴 수 있는가?'

불행한 일이지만 당시 여론은 누구의 발언에서 비롯되었는지 모르나 선생을 하루아침에 3·15 폄하자로 규정짓고 만 것이다. 당시 한 사람이라도 노산 선생의 입장을 객관적으로 살필 수 있었다면, **"노산 선생의 발언의 진의가 그렇지 않은 것 같은데"** 또는 **"'불합리 불합법이 빚어 낸 불상사'로 했기 때문에 3·15를 폄하한 것이 아니야"** 라고 회의적으로 바로 언급했다면, 약간의 여유가 생기는 시점에 바로잡는 기회도 있었을 법한데 그런 기회가 없었던 것 같다. 모른다. 혹시 그런 분이 있었는지? 그랬는데도 불행히 당시의 '의거'라는 경직된 분위기에 매몰되어 그런 바른 소리는 전달되지 않고 묻혀버렸는지.

그리하여 노산 선생은 변명 한마디 할 기회도 얻지 못하고 50여 년을 3·15의거를 폄하내지 폄훼한 반역자로 몰리고 만 것이다.

노산 선생의 3·15의거 폄하 논쟁의 시발은 3·15의거가 있은 지 꼭 한 달 만인 조선일보 1960년 4월 15일자에 게재된 '마산사건의 수습책'이라는 제목의 6개 항목의 설문에 대한 답변에 있었다. 설문의 내용은 다음과 같다.

1. 마산사건이 촉발된 근본원인은 무엇으로 보십니까?
2. 마산시민들의 시위가 확대되어 가는 것을 어떻게 보십니까?
3. 지금까지의 당국의 수습책을 옳다고 보시나요?
4. 마산사태를 시급히 수습하자면?
5. 마산시민에게 보내고 싶은 말씀은?
6. 당국에 하고 싶은 말씀은?

여기에 대한 노산 선생의 각항의 답변은 다음과 같다.

1항 답변

도대체 불합리不合理 불합법不合法이 빚어낸 불상사不祥事다.

2항 답변

지성知性을 잃어버린 데모다. 앞으로는 더 확대되지 않도록 해야 한다. 자고自古로 과오過誤와 과오過誤의 연속은 필경 이적利敵의 결과結果가 되고 만다.

3항 답변

역시 관官의 편견이 너무 강했던 것 같다. 비상시非常時 정치에는 무엇보다 성실과 아량이 필요하다. 왜 과감한 정책을 쓰지 못하는가.

4항 답변

정부에서도 비정상적非正常的인 사태事態 앞에서는 비정상적非正常的인 방법과 기술이 필요하다. 그리고 여야與野 지도자들은 좀 더 냉정한 지도 정신을 발휘發揮해야 하며 좀 더 '스케일'이 커야 한다.

5항 답변

내가 마산馬山 사람이기 때문에 고향의 일을 걱정하는 마음이 더 크다. 분개한 생각이야 더 말할 것이 있으랴마는 무모無謀한 흥분興奮으로 일이 바로잡히는 법이 아니다. 좀 더 자중自重하기를 바란다. 정당正當한 방법方法에 의依하지 않으면 도리어 과오過誤를 범하기가 쉽다.

6항 답변

요즘 5개조항五個條項 운운과 같은 지엽적枝葉的 고식적姑息的 대당적對黨的인 제의보다 비상非常한 역사적 대국면歷史的大局面을 타개打開하기 위해서는 원칙적인 대책對策이 필요하다. 여야與野를 막론하고 참으로 나라를 사랑하는 지도자가 있다면 초당적超黨的 연립적聯立的, 아니 거국적이요 비상시적인 노장老壯 유능有能한 내각을 구성하여 그야말로 국민이 원하는 새 국면局面을 열어야 한다. 이것은 부분적인 각료 경질更迭을 말하는 것이 아니라 개각改閣 여부는 별문제로 실지로 책임적인 전체적인 경질更迭을 말하는 것이다.

3. 내용 분석

이렇게 전문을 펼쳐놓고 하나하나 짚어가 보면 예사로 넘겨서는 안 될 부분이 있음을 알게 된다. 더욱 이 설문으로 보면 설문 6개 항목 전문을 같이 보아야 정확한 해답이 나오는 것을 알게 된다.

그런데도 어떤 이유에선지 극히 일부분을, 그것도 아주 민감한 부분을 거두절미 발췌하여 문제 삼고는 그것만이 발언의 전부인 것처럼 기정사실화 되어 버렸다는 사실이다.

구체적으로 가장 어필되는 어휘 가운데 **"도대체 불합리 불합법이 빚어낸 불상사다."**라고 한 부분을 보자. 이렇게 대답하게끔 노산 선생에게 보낸 설문을 살펴보면, 그렇게 받아들이면 왜곡된 것임이 드러난다. 해당되는 질문 1항은 "마산 사건이 촉발된 근본 원인은 무엇으로 봅니까?"이다. 여기에 대해 선생의 답변이 **"도대체 불합리 불합법이 빚어낸 불상사"**라고 한 것이다.

"도대체 불합리 불합법이 빚어낸 불상사다"는 3·15의거를 지칭한 것이 아니라 3·15의거를 불러 온 정부의 부정선거로 하여, 즉 정부의 잘못으로 이 사건이 촉발되었음을 지적한 것이다. 그런데 난데없이 '3·15가 일어난 원인'을 지적한 의견을 무시해 버리고 3·15의거 자체를 부정하는 것 같은 부분만 드러내어 '3·15의거를 부정否定한 발언을 한양으로' 규정지어 버린 것이다. 즉, 앞뒤 문맥으로 보면 3·15의거를 **"불합리 불합법인 불상사"**라고 지적한 것이 아니라, **'불합법 비합법이 빚어 낸 불상사'** 즉 전국적으로 자행되었던 부정선거로 하여 마산사태라는 사건이 일어났음을 분명히 해주고자 **"불합리 불합법이 빚어 낸 불상사"**라고 지적한 것이 명백한 것이다.

불상사의 사전적 의미는 '일어나서는 안 된 일'이다. 3 · 15를 언급함에 있어 이런 표현 자체에 거부반응이 있어 성역인 3 · 15에 어쩌자고 그런 표현이 들어가게 하느냐 식으로 억지를 쓴다면 모르지만, '불합리 불합법'은 '정부의 부정한 짓' 즉 범하지 말아야 할 '부정선거'를 범했으니 3 · 15가 일어난 것이 아니냐는 반문으로 불상사라고 밝힌 것뿐이다.

그러니까 노산선생은 정부가 잘 못하여 '일어나서는 안 된 일'이 일어나게 하고 말았으니 '불상사'라고 밝힌 것이다. 여기서 얼핏 '불상사'라는 표현을 '의거'로 규정된 오늘날의 시각에서 새겨보면 3 · 15를 부정한 듯한 의미로 느껴질 수도 있다. 본래 의거義擧란 일어나지 말아야 할 일이 일어남으로 말미암아 빚어지는 정의正義이다. 3 · 15의거야말로 부정선거를 심판하려는 사필귀정事必歸正의 실천적 행동이었던 것이다.

그러나 당시는 분명히 '의거로 규정되기 전'의 **'마산사태**, 또는 **'마산사건'**으로 불리면서 파출소 등이 불타고 파괴되고 선량한 학생과 시민이 총탄에 희생되는 무법, 무질서의 격렬한 공포의 시위 상황이었던 것이다.

"당연히 일어날 일이 일어났다."고 언급했다면 3 · 15의거의 긍정적인 표현은 되었을지는 모르지만, 만일 그런 언급을 한다면 그 때 난리 상황을 부추기는 것이 되고 희생된 분들도 당연한 희생으로 보는 것이므로 상식적으로 그렇게 말할 수 있는 상황은 아니지 않은가.

다음으로 넘어가 보자. **"지성을 잃어버린 데모다."** 라고 한 부분이다. 앞뒤 없이 3·15를 '지성을 잃어버린 데모'라고 했다면 이 역시 능히 반발을 불러 올 수 있다.

그러나 여기에 대한 2항 질문은 **"마산시민들의 시위가 확대되어 가는 것을 어떻게 보십니까?"** 라고 하고 있다. 학생을 비롯한 희생자가 다수 발생하고 파출소가 불타고 시내 전체가 정의감의 분기로 앞날을 장담할 수 없는 일촉즉발의 시위상황이다.

더욱 이때는 김주열의 죽음이 경찰의 총격에 의한 것으로 밝혀져 수습불가의 사태로 발전하고 있는 극한 상황이었다. 데모군중이 이성을 잃은 것처럼 보이고 냉철한 지성을 기대하기도 난망한 분위기였을 것이다. 당연히 분기憤氣를 진정시키기 위하여 지성을 호소했을 것이다. 그런 상황에서 지성을 말할 수 있는 사람도 노산 선생이었으니 가능했을 것이다.

그렇다면 그런 노산 선생의 언급은 타당한 것이 아닌가. 당시는 휴전이 되고 겨우 7년을 지나고 있다. 지리산에서는 준동하는 공비들로 하여 그때까지도 치안이 늘 어수선하였다.

그것이 조금 숙지근해지자 이런 사태가 난 것이다. 국가의 안위를 염려하는 원로로서 이것이 혹 북한을 자극하는 빌미가 되지 않을까 생각할 수도 있었을 것이다. 그래서 선생은 "과오는 과오를 낳고 이적利敵이 될 수도 있다"고 경고한 것이다.

이것을 단순한 3·15의거 폄하로 단정 지어질 수 없는 이유는 선생의 다른 항목의 답변에서 확연히 드러난다.

다음은 **"무모無謀한 흥분興奮으로 일이 바로잡히는 법이 아니다. 좀 더 자중自重하기를 바란다."** 라고 한 부분이다. 얼핏 보면 3·15의거를 '무모한 흥분과 자중만 강조한 것'처럼 보인다. 그러나 전체 문맥을 보자. 이 부분은 5항의 질문 **"마산시민에게 보내고 싶은 말씀은?"** 에 대한 답변으로 **"내가 마산馬山 사람이기 때문에 고향의 일을 걱정하는 마음이 더 크다. 분개한 생각이야 더 말할 것이 있으랴마는 무모無謀한 흥분興奮으로 일이 바로잡히는 법이 아니다. 좀 더 자중自重하기를 바란다. 정당正當한 방법方法에 의依하지 않으면 도리어 과오過誤를 범하기가 쉽다."** 라고 답변하고 있다.

이 항에는 '분개한 생각이야 더 말할 것이 있으랴마는'이라는 언급이 있어 3·15의거를 충분히 이해하고 있음을 알 수 있다. 따라서 이 말은 정부의 부정선거와 무능에 대한 책임을 강조하는 표현이다. 그리고 '정당한 방법에 의하지 않으면 도리어 과오를 범하기가 쉽다'는 원칙을 전제로 하고 있다. 정당한 대책이 아니면 다시 과오를 저지를 수 있다는 원칙을 강조하고 있는 것이다. 이런 발언임에도 거두절미하고 '무모와 흥분' '자중'만 강조하여 3·15사태를

'무모한 흥분'이라고 매도한 것처럼 보는 것은 심한 왜곡이 아닐 수 없는 것이다.

이밖에 3항의 질문은 **"지금까지의 당국의 수습책을 옳다고 보시나요?"** 라고 되어있다. 이에 대해 선생의 답변은, **"역시 관官의 편견이 너무 강했던 것 같다. 비상시非常時 정치에는 무엇보다 성실과 아량이 필요하다. 왜 과감한 정책을 쓰지 못하는가."**
'관'이라고 한 것은 정부 책임을 말하는 것이다. 그러면서 정부의 성실한 대책과 아량을 요구하고 있다. 무엇보다 과감한 정책을 기대하고 있다. 과감한 정책이란 무엇일까. 부정을 저지른 잘못을 명쾌히 사과하고 국민이 시원히 받아들일 수 있는 과감한 정책 이행이 있어야 함을 밝힌 것이다.

4항의 설문은 **"마산사태를 시급히 수습하자면?"** 이다. 여기에 대해 선생의 답변은 **"정부에서도 비정상적非正常的인 사태事態앞에서는 비정상적非正常的인 방법과 기술이 필요하다. 그리고 여야與野 지도자들은 좀 더 냉정한 지도 정신을 발휘發揮해야 하며 좀 더 '스케일'이 커야 한다."** 라고 지적하고 있다. 정부의 책임을 강조하고 여야 정치지도자들의 스케일이 큰 현명한 지도력이 발휘되기를 기대하고 있다. 여기에서는 전적으로 사태의 책임을 정부에 묻고 있다.

마지막 6항의 질문과 답변을 살펴보자. 6항의 질문은 **"당국에 하**

고 싶은 말씀은?"이다. 답변은,

"요즘 5개조항五個條項 운운과 같은 지엽적枝葉的 고식적姑息的 대당적對黨的인 제의보다 비상非常한 역사적 대국면歷史的大局面을 타개打開하기 위해서는 원칙적인 대책對策이 필요하다. 여야與野를 막론하고 참으로 나라를 사랑하는 지도자가 있다면 초당적超黨的 연립적聯立的, 아니 거국적이요 비상시적인 노장老壯 유능有能한 내각을 구성하여 그야말로 국민이 원하는 새 국면局面을 열어야 한다. 이것은 부분적인 각료 경질更迭을 말하는 것이 아니라 개각改閣 여부는 별문제로 실지로 책임적인 전체적인 경질更迭을 말하는 것이다."라고 하고 있다.

이 마지막 항목에서 노산 선생은 종합적인 언급을 하고 있다. 먼저 '비상한 역사적 대국면을 타개하기 위한 원칙적인 대책이 필요함을 강조하고 있다. 초당적 연립적이며 노장, 즉 늙고 젊고를 떠나 세대를 초월한 유능한 지도자로 내각을 구성하고 부분적인 장관의 경질이 아니라 책임을 질 수 있는 전체적인 정부의 개편이라야 국민이 납득하는 사태 해결책이 될 것임을 제안하는 것이다. 이 정도면 시국을 걱정하는 국가 원로로서 노산의 역할을 다한 것으로 받아들여야 하는 것이 아닌가.

4. 결론

이상으로 노산 선생이 3·15의거를 폄하했다고 하는 문제된 부분의 진의와 함께 전체 문안을 폭넓게 살펴보았다. 부분적으로 발췌하여 보았을 때는 얼핏 오해할 만하게 보이는 부분이 있는 듯도 하였지만 전체를 보면 그렇게 받아들여서는 안 됨을 너무나 확연히 알 수 있는 것이다.

여기서 참고로 부언할 부분이 있다.

노산 선생의 답변이 너무 어려워 이해하는데 오해의 소지가 생긴 부분이 있다는 설이다. 당시 같은 질문에 대해 소설가 김팔봉 선생은 다음과 같이 답변하였다

1항에 대한 답변 : 국민의 권리를 박탈하고 선거를 부정하게 치른 까닭이다.

2항에 대한 답변 : 누르면 누를수록 더 확대될 것이다.

3항의 답변 : 적당한 수습방책이 아니다.

4항의 답변 : 선거를 나쁘게 치르게 한 모든 사람이 전부 책임지고 물러앉는 것이다.

5항의 답변 : 시민들은 정숙하게 합법적으로 의사 표시를 하고 행동하기 바란다.

6항의 답변 : 신중히 자기 반성하고서 국민한테 사과하고 성실하게 책임을 다할 것을 바란다.

그러니까 이처럼 쉽게 답변하지 않고 노산 선생은 한문 투로 어렵게 답변한 것이 이런 곡해를 불러온 원인으로 보는 사람이 있다

는 사실이다. 김팔봉 소설가는 소설가식으로 답변하였고 노산 선생은 일생을 한학자이면서 문학가로 살아온 자기식 답변을 한 것이다.

  그렇다고 그 설명이 어디 가겠는가. 아무튼 필자는 6개 항목의 전체를 보아야 선생의 발언 의도가 선명히 드러나는 것임을 강조한다. 이러함에도 노산 선생이 3·15를 폄하했다고 계속 몰아간다면 선생의 고향은 그에게 지나친 무례를 저지르는 일이 아닐 수 없다는 생각이다.

—내용 감수 : 윤재근 한양대 명예교수, 문학평론가

제 5 장

노산 이은상 선생에 대한 우리 문인들의 입장
― 우리는 〈가고파〉를 사랑한다

오하룡

지난 2월 6일(2012) 마산역 광장에 세워진 애국 민족시인 노산 이은상 선생의 〈가고파〉 시비에 대한 일부 시민단체의 행동에 대해 심각한 우려를 표하며 다음과 같이 문인들의 입장을 밝힌다.

1. 노산 선생은 국가의 검증을 받은 애국지사이며, 위대한 민족 시인이다

살피건대, 노산 선생의 인물됨은 단순하게 보더라도 그의 약력이 말해 주듯이 국가유공자로서 대한민국국민훈장 무궁화장, 대한민국건국포장을 수상하였으며, 작고했을 때는 문화훈장 1등급 금관문화훈장 추서와 함께 국가가 지원하는 사회장으로 국립묘지 현충원에 안장되었다.

국가가 이런 예우를 할 때는 철저한 검증을 거치는 것이 상례다. 국가가 인정한 인물을 기리는 일이 무슨 문제가 되며, 그가 쓴 작품을 좋아하는 것이 무슨 문제가 되는가.

더욱이 올해는 노산 선생의 탄생 110주년이 되는 해다. 선생의 작품이 재조명되고, 기리는 사업이 지속되기를 희망한다.

2. 문학작품으로서 〈가고파〉의 위상

살피건대, 노산 선생의 연치 30세인 1932년 〈가고파〉가 발표되었다. 이 작품을 선생의 친구인 양주동 선생이 평양 숭실대에 근무할 당시 그의 제자인 김동진 작곡가에게 소개하여 같은 해 가곡으로 탄생하였다. 당시는 일제강점기로서 성악가 이용주, 이인범 등에 의해 일본은 물론 우리 동포가 있는 곳이면 어디서든 불려져 거족적인 사랑을 받았으며, 해방 후에는 교과서에 실려 범국민적 애창 가곡이 되었다.

이런 사실은 〈가고파〉가 일찍부터 우리 국민정서의 근간이 되고 고전이 되었음을 말하는 것이다. 노산 선생의 고향 마산으로서 어찌 〈가고파〉를 사랑하고 기리지 않겠는가.

3. 친독재(?)라니 무슨 말인가

살피건대, 1903년생인 노산 선생이 살던 시대를 어떤 필설로 제대로 헤아릴 수 있을 것인가. 암울한 일제강점기를 견뎠고, 독립해서는 공산주의자들을 비롯한 분파주의자들과 갈등을 겪었으며, 마침내 동족끼리의 전쟁참화의 분단 현장을 직접 체험했다.

나라 없는 백성으로서의 고통을 절감했던 그의 확고한 국가관은 여기서 확립된 것으로 강한 나라를 지향하면서 이승만의 초대 정부를 지지하고, 비록 혁명으로 집권했으나 박정희 정부와 전두환 정부에 부분적으로 협조하게 된 상황을 이해할 수 있다.

그리고 이것은 어디까지나 그의 정치적인 소신으로 대한민국 국민이면 누구나 자유롭게 선택할 수 있는 권리인 것이다. 그가 저 중국고사의 백이숙제나 고려 말기 고려동 사람들처럼 초연하지 않았다고 하여 양지를 지향한 기회주의자로 몰아세운다면 오늘날 4~5년마다 바뀌는 정치적인 현실은 어떻게 받아들여야 할 것인가. 백척간두에 선 조국의 운명을 지켜보며 살아온 통한의 일생을, 광복 이후 세대들이 함부로 말하는 것을 우리는 아프게 경계하지 않을 수 없다.

4. 그는 3·15 정신을 폄훼하지 않았다

살피건대, 3·15의거는 4·19혁명으로 이어지고, 정권이 바뀌면서 '의거'로 그 성격이 규정지어졌다. 당시 노산 선생이 마산 데모를 걱정하면서 불법을 언급한 것은 고향 마산의 양민과 경찰과의 대치라는 긴박한 상황에서 학생들의 희생을 최대한 줄이고, 합법적으로 문제가 수습되기를 바라는 원로로서의 염려 이상의 언급이 아닌 것이다.

이제라도 노산 선생의 언급은 폄훼가 아닌 걱정과 염려 이상의 의미가 아니라는 사실을 인식하고, 다시는 그를 3·15의거를 부정한 사람으로 몰아가는 일이 일어나지 않았으면 한다.

일부의 불만은 노산 선생이 분기한 시민의 편어서 데모를 부추기는 언행을 하지 않은 것을 탓하고 있는 듯한데, 보통 사람들의 몸싸움도 우선은 말린 후, 그 옳고 그름을 따지는 우리의 정서로 보면 노산 선생의 언행은 잘못되지 않은 것으로 판단된다.

한 가지 예로 서울 수유리의 4·19 학생 비문은 노산 선생이 썼다. 당시 분위기에서 노산 선생이 3·15를 부정하는 언행을 하였다면 그에게 이 비문을 맡겼겠는가.

5. 2006년 마산문학관 결정으로 노산의 평가가 끝났다는 시각

살피건대, 일부에서는 2006년 노산문학관을 마산문학관으로 결정할 당시 마산시의회가 13대 14로 결의한 것을 완전무결한 결정인 양 몰아가고 있다.

이것은 당시 사회분위기에 편승한 일부 시민운동가들에 의해 없는 친일까지 문제 삼아 정상적인 논의가 불가능한 상황에서 일방적으로 밀어붙여진 정황이 짙다.

따라서 당시의 판단은 결코 바르게 결론지어진 것이 아니다. 이제라도 선생에 대한 평가가 바르게 이루어져야 한다.

6. 우리는 〈가고파〉를 사랑한다

노산 선생도 신이 아닌 이상 실수한 언행이나 행동이 전혀 없다고 단정할 수는 없을 것이다. 그러나 부분적으로 작은 흠결이 있다고 하여 그의 삶과 사유방식 전체를 문제 삼는 것은 민주시민이 취할 수 있는 논리적 태도가 아니다.

우리는 다른 업적은 젖혀두고, 문학만으로도 그가 얼마나 탁월한 애국자이고 민족주의자이며, 훌륭한 문학가인가를 절실하게 공감한다. 따라서 최근 마산역 광장에 세워진 가고파 시비는 마산 문화의 자긍심의 상징으로, 〈가고파〉를 사랑하는 새로운 계기가 될 것임을 믿어 의심치 않는다.

  이 자리를 빌려 시비를 세운 마산역 당국과 마산의 15개 로터리 클럽의 노고에 깊이 감사드리며, 노산을 기리는 일에 헌신적으로 참여해 주신 모든 분들께 고마운 뜻을 표한다.

2013. 3. 4
오하룡 시인 초
김복근 시조시인, 윤재근 문학평론가 감수

제 5 장

노산문학관, 마산문학관 택일의 갈림길에서

민병기

양자 중에 문학관의 명칭을 무엇으로 정할 것인가. 이에 대한 찬반 양론의 대립적 파고가 매우 높다. 발단은 1998년 마산시가 시민의 자긍심을 높이고, 또 관광자원으로 활용하기 위하여 저명 인사의 기념관 건립을 계획하면서 비롯되었다. 그런 취지로 마산시가 노비산 공원에 '이은상 기념관'을 세우기 위해, 사업비 18억 원을 책정하고, 국비 지원을 받아 이를 본격적으로 추진하면서 그 찬반 논쟁이 격렬해졌다. 특히 노산문학관건립추진위원회 중심으로 사업이 추진되는 과정에서 열린사회 희망연대 중심의 시민단체들이 심하게 반대했다. 성명전과 1인 시위 등으로 이어져 결국 사업이 중단되었다.

당시 반대 이유는 친일혐의였다. 그 근거로 노산이 만선일보에 근무했고, 《반도사화와 낙토만주》에 실린 〈이언의 전와에 대한 일고〉라는 논문이 친일 작품이라는 주장이 제기되었다. 그러나 모두 무혐의가 입증되었다. 만선일보 영인본을 확인하면 그 속에 노산 이은상의 이름은 없다. 또 광양 백운산 현지답사와 최상철 교수의 증언 등으로 만선일보에 근무하지 않았음이 명백해졌다.

친일 혐의를 받았던 논문이 실린 《반도사화와 낙토만주》는 그가 옥중에 있을 때 발간되었다. 내용도 우리 속담에 관한 연구로, 한글에 대한 애정과 민족의 자존을 제고시킨 업적이다. 이러한 사실은 증빙 자료와 함께 각종 잡지와 신문과 방송에 이미 보도되었다. 그런 발표가 있었을 때, 노산의 친일설을 제기했던 사람들은 침묵할 것이 아니라, 즉각 반발하고 그 반증 자료를 구체적으로 제시하던지, 그럴 수 없다면 자신들이 무고죄를 범했다는 반성의 자세를 보여야 마땅하다. 그의 친일설이 사실무근임은 기존의 친일문학론이나 친일작품집에서 쉽게 확인된다. 또 노산의 경력을 살펴보면 더욱 명백해진다. 충무공기념사업회장, 안중근의사 숭모회장, 신단재선생 기념사업회장, 백범선생 탄신백주년축전 집행위원장, 독립운동사 편찬위원장, 독립동지회 고문, 범독립운동자대회 고문, 광복회의 고문, 동학혁명기념사업회 이사, 세종대왕기념사업회와 한글학회 이사, 예술원회원, 한국시조작가협회장, 민족문화협회장, 국제펜 한국본부 고문, 한국산악회장 등 50가지 이상이다. 근거 없이 친일설을 퍼뜨리거나 주장한 사람들은 노산과 함께 단체 활동을 했던 많은 회원들을 핫바지로 보고 무시했다. 노산이 친일한 것을 모르고 그를 회장이나 고문이나 이사로 모셨으니 핫바지로 만든 것이 아닌가.

그들의 무고죄는 여기서 그치지 않는다. 지금도 많은 사람들이 노산이 지은 노래를 부른다. 가곡 뿐만 아니라 교가도 많다. 경남대, 창원대, 창원전문대, 해사, 창신고, 마산중앙고, 마산용마고(전 마산상고), 마산여고, 마산제일여중고, 무학여고(전 마산여상), 거창대성고 등 이 지역의 학교를 비롯, 전남대, 영남대, 충북대, 한국외국어대, 홍익대, 경성고, 국립부산해사고, 목포고, 수피아여고, 순천금당고, 신진공고, 인성고, 군산중, 동양중, 광주중앙초등 등, 어디 그뿐인가. 해군 군가, 대한의 노래, 경남도민의 노래, 창원 시민의 노래, 강원도의 노래, 진천 군민의 노래, 철도의 노래, 감사원의 노래, 한화그룹의 노래 등의 가사를 그가 작사했다. 그 노래를 즐겨 부르는 사람들에게 친일 혐의를 제기했던 사람들은 무고죄를 지었다.

최근 북한의 우연오 교수가 〈반일·애국·광복 리념을 노래한 계몽기 서정가요〉라는 논문을 발표했다. 그 속에서 노산의 〈사우〉, 〈그리움〉, 〈성불사의 밤〉, 〈옛 동산에 올라〉 등이 높은 평가를 받았다. 빼앗긴 조국에 대한 애절한 그리움을 직접적으로 표현하지 못하고, 일제의 검열을 피하기 위하여 은유적인 수법을 통해 간접적으로 표현했다고 언급했다. 이렇게 노산은 북한에서도 주목받는 시인이다. 올해 노산 탄신 100주년을 맞이하여, LA에서 이를 기념하는 특집방송이 있었다. 교민들이 가장 즐겨 부르는 노래가 〈가고파〉이기 때문이다.

   시민위원회 뜻대로 명칭이 마산문학관으로 결정되었고 마산 시장도 그 결정을 따르겠다고 표명했다. 이제 누가 그것을 바꿀 수 있겠는가. 그러나 통영문학관, 부안문학관, 평창문학관이라 하지 않고 청마문학관, 서정주문학관, 이효석문학관으로 부르는 이유는 무엇일까. 시민들이 자기 고장을 사랑하지 않거나, 친일 사실을 몰라서 그랬을까? 아니다. 그래야 방문객이 많고 관광 자원으로 활용할 수 있는 가치가 높기 때문이다. 마산문학관으로 바꿔 잃게 되는 관광 가치를 무엇으로 극복할 것인지, 마산시는 그 방안을 제시하고 예상되는 손실을 책임져야 된다.

제 5 장

가곡 〈그리워〉에 얽힌 일화

김복근

    2010년으로 기억된다. 한 선배 시조시인으로부터 정지용의 〈그리워〉와 이은상의 〈그리워〉가 유사한 이유를 아느냐는 전화를 받았다. 보내온 작품을 비교해 보았더니 비슷한 부분이 많았다. 이해가 되지 않는 일이었다. 당대 최고의 시인과 작곡가 사이에 무슨 사연이 있어 비슷한 내용으로 가사를 붙였는지 의문이었지만, 제대로 된 해법을 찾지 못한 채 시간은 흘렀다.
    2014년 10월, 노산 가곡의 밤에서 진행을 맡은 피아니스트 임수연이 〈그리워〉를 해설하면서 채동선 유족 측의 요청으로 다시 작사했다는 말을 함으로써 의문해결의 단초를 찾게 되고, 다시 팝페라테너 임형주(동아일보 2015. 7. 15)에 의해 의문이 풀리게 된다.

> 채동선은 정지용의 시를 아꼈던 것으로도 유명합니다. 그리하여 자신의 작품 대부분을 정지용 시에 곡을 붙여 만들었지요. 특히 그의 대표작인 1933년 작 〈고향〉은 '민족의 노래'이자 '비운의 가곡'으로 꼽히는 곡입니다. 그 이유는 시인 정지용이 6·25전쟁 때 월북하면서 금지곡이 되어 버렸는데, 당시 이미 이 곡이 중고등학교 음악 교과서에 실려 있을 만큼 국민적 가곡으로 큰 사랑을 받고 있었기에 출판사는 급작스레 박화목의 시 〈망향〉으로 가사를 대신하여 재출판하게 됩니다. 가곡 〈고향〉이 〈망향〉이 되어 버린 것이지요. 그러나 이에 그치지 않고 1960년대 중반 채동선 타계 12주년에 맞춰 그의 유족들이 정지용의 시로 만든 모든 곡들을 새 가사로 바꾸는 과정에서 '망향'을 이은상의 시 〈그리워〉로 다시 교체하게 됩니다. 다시 말해 하나의 곡이 각기 다른 세 개의 제목과 가사를 달게 된 것이지요. 그러다 1988년 마침내 정지용의 시가 대부분 해금되면서 〈고향〉은 제자리를 찾게 되었습니다. 정말 '민족의 노래'라는 애칭처럼 일제강점기 시절 우리나라처럼 기구한 운명을 갖게 된 곡이지요.
>
> ―임형주(동아일보 2015. 7. 15)

임형주의 말 그대로 1933년에 정지용의 시 〈고향〉에 채동선이 곡을 붙인 이 가곡은 1940년대, 우리나라 지식인들 사이에 최고의 인기 가곡이었다. 그러나 정지용이 월북문인으로 낙인찍힌 뒤 금지곡으로 지정되고, 박화목 시의 〈망향〉으로 개사되어 불리게 되었다. 1964년 채동선의 유족들이 《채동선가곡집》을 펴내면서 이은상 시인에게 다시 가사를 의뢰하여 '그리워'가 탄생하게 된다. 음악 교과서에는 세 개의 노랫말이 실리게 되어 같은 곡에 가사만 서로 다른 노래로 불리게 된 것이다.

① 고향

정지용

고향에 고향에 돌아와도
그리던 고향은 아니러뇨.

산꿩이 알을 품고
뻐꾸기 제철에 울건만,
마음은 제 고향 지니지 않고
머언 항구(港口)로 떠도는 구름.

오늘도 뫼끝에 홀로 오르니
흰 점꽃이 인정스레 웃고,
어린 시절에 불던 풀피리 소리 아니나고
메마른 입술에 쓰디쓰다.

고향에 고향에 돌아와도
그리던 하늘만이 높푸르구나.

② **망향**

박화목

꽃피는 봄 4월 돌아오면
이 마음은 푸른 산 저 넘어
그 어느 산모퉁길에 어여뿐 임
날 기다리는듯 철따라 핀 진달래 산을 덥고
먼 부엉이 울음 끊이잖는
나의 고향은 그 어드멘가
나의 사랑은 그 어데런가
날 사랑한다고 말해주렴아 그대여
내 맘속에 사는 이 그대여
그대가 있길래 봄도 있고
아득한 고향도 정들 것일래라

③ **그리워**

이은상

그리워 그리워 찾아와도
그리운 옛임은 아니뵈네
들국화 애처롭고

갈꽃만 바람에 날리고
마음은 어디고 붙일 곳 없어
먼 하늘만 바라본다네

눈물도 웃음도 흘러간 세월
부질없이 헤아리지 말자
그대 가슴엔 내가
내 가슴에는 그대 있어
그것만 지니고 가자꾸나
그리워 그리워 찾아와서
진종일 언덕길을
헤매다 가네

④ **그리워**

정지용

그리워 그리워 돌아와도
그리던 고향은 어디러뇨

동녘에 피어있는 들국화 웃어주는데
마음은 어디고 붙일 곳 없어
먼 하늘만 바라보노라

눈물도 웃음도 흘러간 옛 추억

가슴 아픈 그 추억 더듬지 말자
내 가슴엔 그리움이 있고
나의 웃음도 연륜에 사라졌나니
내 그것만 가지고 가노라

그리워 그리워
그리워 찾아와도 고향은 없어
진종일 진종일 언덕길 헤메다 가네

《1920년대 시선 3》(평양문학예술종합출판사, 1992년)에 실린 것을 문학평론가 최동호 고려대 교수가 발굴해 2002년 《현대문학》 10월호에 소개했다. 정지용이 일본 유학 직전인 1923년 썼으며, 1927년께 발표된 것으로 추정됐다. 최 교수는 당시 이 작품에 대해 "〈향수〉(1927년)와 〈고향〉(1932년) 등의 원천이 되는 작품으로 정지용의 고향 의식이 시로 표현된 것"이라고 평가했다.

현재 중고등학교 음악교과서에는 채동선 작곡의 곡에 각각 다른 세 개의 가사 〈고향〉, 〈망향〉, 〈그리워〉가 짤막한 사연과 함께 소개되고 있음은 전술한 바와 같다. 그러나 여기서 이은상의 〈그리워〉와 정지용의 〈그리워〉가 왜 유사한지에 대한 의문이 제기된다.

작곡가 채동선은 1901년 전남 벌교에서 태어나 1953년 한국 전쟁 중 부산에서 53세로 작고했다. 그는 암울한 일제강점기의 압박 속에서도 결코 굴함이 없이 한민족의 정신을 자신의 작품 속에 담아냄으로서 민족혼을 불사른 선각자이다.

시인 정지용은 1902년 충북 옥천에서 태어나 경도京都에 있는 도지사대학同志社大學에서 영문학을 전공했다. 귀국 후 모교인 휘문고등보통학교 교사로 근무하다가 광복과 함께 이화여자대학교 문학부 교수로 옮겨 문학 강의와 라틴어를 강의하는 한편, 천주교 재단에서 창간한 경향신문사 주간을 역임하였다. 그 이후 공직에서 물러나 서울 은평구 녹번동 초당에서 은거하다 6·25 때 납북된 뒤 행적이 묘연했다. 그의 행적에 대한 갖가지 추측과 오해로 그의 작품에 대한 간행과 논의가 금기되다가 1988년도 납·월북 작가의 작품에 대한 해금 조치로 작품집의 출판과 문학사적 논의가 가능하게 되었다.

시조시인 이은상은 1903년 경남 마산에서 태어나 마산의 창신학교, 연희전문 문과, 와세다 대학 사학부에서 교육받았고, 일본 도쿄 동양문고에서 국문학을 전공하였으며, 연세대학교에서 명예문학박사 학위를 받았다. 조선어사전 편집위원, 월간잡지 《신생》 편집장을 거쳐 1931년 이화여전 문과 교수로 후진 양성에 힘썼다. 조선어학회 사건으로 구금되었다가 광복과 함께 풀려났다. 그 이후 다양한 저술활동과 애국지사의 숭모사업, 교육, 언론, 문화를 비롯한 각종 사회단체활동을 왕성하게 했다.

채동선(1901~1953), 정지용(1902~?), 이은상(1903~1982)은 암울한 일제강점기를 살아온 선각자다. 이은상의 〈갈매기〉를 작곡한 채동선은 이은상과 교유가 있었으며, 정지용과도 깊은 교분이 있었다. 지금은 세 분이 모두 작고하여 명확한 이유는 알 수 없는 일이지만, 정지용이 납북(?)되었다는 이유로 전쟁 후 정지용의 '① 고향'은 금지곡이 되면서 정지용은 이름조차 거론할 수 없게 된다. 이를 1964년 유족들이 《채동선가곡집》을 펴내는 과정에서 정지용이 작사한 가사를 고치게 되는데, 박화목의 '② 망향'으로 하지 않고, 이은상에게 의뢰하게 된다. 이로 인하여 이은상은 정지용의 초기 시 '④ 그리워'를 '고향'의 리듬에 맞게 '③ 그리워'로 수정하여 자신의 이름으로 발표하게 되었을 것으로 유추된다. 한국 소프라노 1세대로 일컬어지는 서울음대 인관옥 교수는 가사를 다시 작사해 〈고향 그리워〉라는 제목으로 부르기도 했다. 1988년 해금에 의해 원래 가사인 '고향'을 되찾게 되어 같은 곡에 네 개의 노랫말을 가진 가곡으로서의 진기록을 세우게 된다.

　노래는 생물적인 감각을 갖고 있다. 이정식(CBS 전 사장)은 '곡의 원주인에게 돌려주는 게 맞다'는 주장을 펴기도 하지만, 정지용의 〈고향〉과 박화목의 〈망향〉, 이은상의 〈그리워〉, 인관옥의 〈고향 그리워〉는 같은 곡에 각기 다른 제목과 가사로 남아 있어 연주자가 좋아하는 노랫말로 자연스럽게 불리고 있기에 특정한 가사를 가려 채택한다고 해결될 문제는 아닌 것 같다.

　나라 잃은 설움이 가곡 〈그리워〉에도 난마처럼 얽혀 있어 그 과정을 연역하여 추론해보지만, 그 그림자는 길게 드리워져 해결하기가 쉽지 않은 일로 남게 된다.

제 5 장

진리는 사랑의 눈으로 보아야 보인다

명형대

역사는 논란을 통하여 세워지고 그 진의가 더욱 분명해진다. 사실에 기반을 둔 역사는 때로 그 사실이 새로이 더 발굴되거나 세계의 변화에 따른 인식구조의 변화로 다르게 평가되기도 한다. 인간 역사의 진정한 의미는 끊임없는 모색 가운데 존재한다. 저무는 12월의 문턱에서 노산 이은상 문학에 대한 논란도 이제 나름의 매듭이 져야 할 때가 되고 있다.

민족 · 애국지사로서의 이은상

이은상 문학에 대한 논란은 그의 문학을 기려 지역 문화를 선양하고자 노산문학관을 건립하는 과정에서 시민문화단체가 느닷없는 친일 문제를 제기함으로써 시작되었다. 시민문화단체는 '민족문화연구소'가 이은상에 대하여 잘못 제기한 친일에의 의문을 아무런 검증 없이 이은상이 친일 인물이라 하여 아닌 밤중에 적지 않은 혼란을 초래케 하였다. 그러나 그동안의 오랜 논의는 오히려 민족 · 애국주의자로서의 삶을 되찾게 하였고, 문학가로서 뿐만이 아니라, 그의 생애가 이 지역 사회의 새로운 역사 사실로 부각되어야 할 과제가 되게끔 하였다. 이러한 사실은 우리가 누구이든지, 우리 모두로 하여금 자신의 고집과 편견만으로 역사를 바라보는 태도를 반성케 하고 또 사물을 탈지층화한 열린 시각으로 바라보아야 한다는 교훈을 되새겨준다.

친독재라는 배타적이고 불확정한 판단

사실이 이러함에도 자신의 영토에만 갇혀 있는 일부 인사들은 여전히 이은상에 대한 지층화한 주관적이고 배타적 태도를 버리지 못하고 고집과 편견으로 또 다른 문헌의 해석 문제를 제기하여 시민들을 곤혹스럽게 하고 있다. 이들 몇몇 사람들은 이은상이 마산의 3 · 15 민주항쟁의 정신과 상호 배치되는 친독재의 성향을 가진 인물이라는 것이다. 이들의 주장이 기대고 있는 주된 근거인 조선일보의 기사에 대한 이해는 오독의 결과라는 것에 대한 비판은 이미 오하룡 시인의 명징한 해석이 내려져 있다. 그럼에도 시민단체의 일부는 이러한 해석에 대한 아무런 반론이나 의의 제기도 없이, 더 이상의 논의도 않으면서 집단적 행동으로 가고파 시비詩碑를 훼손하는가 하면 이은상을 기리는 유적을 유적流賊케 하고 있다. 우리는 이은상이 박정희 정권에 대하여 우호적이었다고 하여 박정희의 독재를 전적으로 찬양한 인물이었다고 몰아붙여 말하는 것은 옳지 않다고 본다. 다시 말해 이은상이 개인적으로 가진 정치적 태도가 어떠한지 충분하게 알지 못하면서도, 또 그의 의식 세계를 충분히 이해할 만큼 연구하거나 파악하지도 못한 채 그를 박정희, 또는 박정희 정권과 동일시하거나, 독재 성향의 정치적 인물로 몰아가는 것은 옳지 않다는 말이다. 우리는 한 사람의 역사적 인물을 평가함에 있어서 즉 이은상이 박정희에 대하여 우호적이거나 심지어는 적대적일지라도 그를 평가하게 되는 근거가 얼마나 부족하며 또 있다고 하여도 그것이 얼마나 편향적인 것일 수 있는가를 잘 안다. 그렇다고 하여 이 생각이 세상의 이러저러한 기록이나 평가를 모두 부인하게 한다는 것을 말하고자 하는 것은 아니다. 우리는 하나의 사건이 어떻게 주변의 여건과 그것이 자리하고 있는 다른 모든 크고 작은 것들과의 관계에서 어떻게 생성되며 또 그러한 정황을 어떻게 다른 말들과 함께 배치시켜 자신의 의견을 표현하는 것인지를 잘 살펴야 한다. 시민연대가 왜곡하고 있는 조선일보의 기사에 대하여 우리는 이를 다음과 같이 해석해보이고자 한다.

역사적 자료의 바른 해석

우리는 일부 시민단체의 인사들이 이은상을 친독재자로 보는 결정적인 논거를 주문처럼 대고 있는, 1940년 4월 15일 조선일보에 실린 시국 설문의 답변에 두고 있음을 안다. 이은상이 3·15 부정선거, 4·19 민주화운동 등 일련의 사태에 대하여 그가 가진 정치적 태도는 이전에 이미 그가 쓴 사임당, 충무공 그리고 한국전쟁에 대한 저서 그리고 그가 남긴 문학작품 등 그의 생애를 통한 총체적인 접근으로 이뤄져야 명확하게 알 수가 있을 것이다. 그러나 굳이 그렇게까지는 않더라도 우선은 시민연대가 그들의 주장의 근거로 삼는 담론, 즉 텍스트(조선일보 설문에 대한 이은상의 답변)를 통해서 과연 그의 정치적 태도가 어떠했는가를 쉬 알 수가 있다.

시민연대의 일부 인사는 4월 15일 조선일보의 기사, 즉 "불합리, 불합법이 빚어낸 불상사不祥事"라는 글귀를 두고 이은상이 민중의 봉기를 '불합리'라 말하고 '불합법'이라 하여 시위 자체가 '불상사'라고 해석하고 이를 부당하다고 주장한다. 이를 단순하게 표면적으로만 읽으면 '시위' = '불상사'로 생각할 여지가 있을지도 모른다. 그러나 이 글귀가 포함된 문장은 생략된 주어로서 '자유당 정권의 정치 또는 부정선거'가 불합리 불합법이고 그렇기 때문에 그것이 빚어낸 것이 시민들을 희생케 하는 불상사라고 읽는 것이 어법에 맞는 논리이다. '자유당의 (부정)선거' = '불합리', '불합법'이기 때문에 이로 인한 '시민들의 희생'='불상사'라는 해석이 옳다. 이는 뒤이어지는 설문 6에 대한 이은상의 답변, 즉 "지엽적 고식적 대당적 제의"보다 "비상한 역사적 대국면을 타개"하기 위하여 "국민이 원하는 새 국면"으로 전환하여야 한다는 주장과 연계되면서 '불상사'라는 것이 시민들이 치르게 되는 희생을 의미한다는 뜻이 더 분명해진다.

세계를 여는 사랑의 눈

우리는 누구든지 이은상을 기릴 수도 또 폄하할 수도 있다고 믿는다. 다만 지엽적 사실이나 사실에 대한 오독으로 한 인물을 통틀어 평가절하하거나 그 영혼에 누를 끼치는 일이 없기를 바랄 뿐이다. 사람은 누구나 다 다양한 특성을 가진다. 우리는 그 다양함이 열린 시각과 사랑의 눈으로 바라볼 때에야만 비로소 바르게 한 인격체로서의 인간을 발견할 수 있게 할 것이라 사실을 믿는다. 그리고 우리는 이성과 감성이 전혀 다른 것이 아니라는 것을 알게 될 때에 비로소 그의 '가고파'가 우리들을, 우리 마산 사람을, 아니 이 세상 모든 사람들을 영원히 여성적인 아름다움으로 이끌 수 있게 되리라는 것을 안다.

  이제는 마음을 열어 이제껏 우리가 해왔듯이 이은상 사랑을 어떻게 더 마음 깊이에 새길 수 있을 것인가를 생각하자. 더 많은 사람들이 이 팍팍한 현실에서 아름다운 마음을 가지고 살아갈 것이라는 믿음으로 '가고파'를 부르게 하자.

제 5 장

경남 출신 애국 국어학자 선양사업 하루빨리 서두르자

임규홍

    시월이 오면 온 나라가 축제로 들썩인다. 그 가운데 10월 9일 우리 글자를 만든 기념일인 한글날이 으뜸이 아닌가 한다. 그러나 이러한 우리 한글도 수많은 어려움을 겪어 왔다. 한글 창제 때부터 사대모화 세력에 의해, 일제시대엔 민족말살정책에 의해 수난을 겪었다. 이후 한자맹신주의와 로마자우상주의에 의해 지금도 수난을 당하고 있다. 그 와중에 우리글과 말을 지키려고 목숨을 바친 애국 국어학자가 있었기에 우리 한글이 오늘날 이렇게 존재할 수 있었던 것이 아닌가 한다.

그런데 놀라운 것은 우리 경남에는 우리말과 글을 지키려고 목숨을 건 애국 국어학자가 다른 지역보다 많다는 사실이다. 먼저 의령 출생인 고루 이극로 선생을 빼놓을 수 없다. 1929년 '조선어사전'(뒷날 조선어학회의 조선말 큰사전) 편찬 집행위원, 1930년 한글맞춤법 제정위원, 1935년 조선어 표준어 사정위원, 1936년 조선어사전 편찬 전임위원 및 조선어학회 간사장과 같이 조선어학회에서 가장 핵심적인 일을 했던 분이다.

1942년 10월 1일 '조선어학회사건'으로 검거돼 징역 6년을 선고받고 함흥형무소에서 복역하다가 1945년 광복을 맞아 풀려났다. 이후 월북해 북한의 문화어 언어규범인 '문화어운동사업'을 주도했다. 광복 이전 나라 잃은 시대 애국 국어학자로는 우리나라에서 누구보다 낮게 평가할 수 없는 거목이셨다. 외솔 최현배 선생이 3년의 옥고를 치렀다면 고루 선생은 6년의 옥고를 치렀다. 조선어학회사건만 두고 보면 외솔 선생보다 더 큰 비중을 차지했다는 말이다.

산청 출신의 류렬 선생도 이두 저서인 《세나라시기의 리두에 대한 연구》는 향가의 이두 연구로서 남한 학계에서도 인정을 받고 있다. 이 두 분은 월북했다는 점 때문에 지금까지 주목받지 못했던 것이다.

그리고 김해 출신 한뫼 이윤재 선생은 국어학자일 뿐만 아니라 독립운동가로 유명하다. 한글맞춤법 제정에 참여했고, 조선어사전 편찬 등 한글 보급을 통한 민족운동을 했다. 조선어학회사건으로 함흥 형무소에서 옥사했다. 의령의 남저 이우식 선생은 1929년 10월 조선어연구회의 조선어사전편찬회에 가입해 조선어학회 기관지 한글 편집비를 지원했다. 그 뒤 1942년 조선어학회 사건으로 투옥돼 고문을 받았으며, 2년 2개월의 옥고를 치렀다. 조선어학회에 가장 많은 재정적 지원을 했으며 이극로 선생이 언어 독립운동을 전개할 때마다 지원을 아끼지 않았다.

이어 남해 출신의 창남 윤병호 선생, 의령의 한뫼 안호상 선생, 마산의 노산 이은상 선생, 김해의 눈뫼 허웅 선생 등 애국 국어학자가 셀 수 없이 많이 배출한 곳이 바로 우리 경남이다. 광복 이후에도 경남이 다른 지역보다 국어학자를 많이 배출한 것을 보면 경남인의 나라말글 정신은 선대로부터 면면이 이어져 내려온 것 아닌가 한다.

울산에서는 외솔 최현배 선생을 대대적으로 기리고 있고, 대구에서는 애산 이인 선생을 선양하는 일들이 활발하게 일어나고 있다.

조선어학회 사건에 경남의 애국 국어학자가 가장 많이 참여했다는 것만으로도 자랑거리가 아닐 수 없다. 우리 경남도 이러한 애국 국어학자를 기리는 사업이 하루빨리 일어나길 바란다. 한글창제 569돌을 맞아 우리말글을 살리기 위해 목숨을 바친 경남 출신 애국자들에게 삼가 경의를 표한다.

제 5 장

'시의 도시'엔 노산문학제가 필요하다

이달균

　마산시장은 마산을 '시의 도시'로 공표한다고 언론에 대대적으로 보도하였다. 그러자 타관에 사는 한 친한 시인에게서 전화가 왔다. "마산 참 가고 싶다. 무학산에서 바라보는 가을바다 생각만 해도 가슴 떨린다. 시市에서도 시인을 그렇게 위하는 걸 보니 시심 하나만큼은 제일로 깊은 도시 같다. 가을 가기 전에 회 한 접시 하게 초대 좀 해줘" 한다. 친구는 '시의 도시'에서 시 쓰는 넌 복 받은 녀석이라고 뒷말을 잇는다.
　그랬다. 지난 5월 마산시는 마산을 '시의 도시'로 선포하면서 산호공원에서 선포식을 가졌다. 물론 마산문인협회가 급히 동참하여 이뤄졌지만 문인들과 지역민들은 다소 뜬금없다는 반응이었다. 평소 마산시가 그렇게 문학에 대해, 시에 대해 얼마만큼의 관심을 가졌던가를 생각해 보면 그 당위성은 줄어들 수밖에 없다. 시장과 공무원, 시의회 의원, 국회의원들이 자리했지만 마산시와 문인, 시민들 간의 사전교감이 형성되지 않은 상태에서 거의 일방적으로 진행된 듯한 '시의 도시' 선포는 시詩는 없고 선포식만 있는 기형의 행사처럼 비춰질까 문인들은 노심초사했다.

 문학은 메말라 가는 영혼에 서정의 잔을 부어 인간성을 회복시키는 역할을 해야 한다. 평소 문학의 밤 행사 같은 때도 시장이나 부시장이 함께 참석하여 맥주 한 잔을 기울이며 시 한 수를 읊는다거나 미술전람회에 참석하여 화가들과 허심탄회한 시간을 얼마나 가졌던가를 생각해 봐야 한다. 그저 공식 석상에서 준비한 축사원고나 읽고 퇴장하는 행위는 그다지 진정성이 없어 보인다. 그런 자리에서 현장의 목소리도 듣고 문학의 미래도 챙겨보았다면 그렇게 낯설게 느껴지지는 않았을 것이다.

 진해는 김달진문학제를 위해 1억 원이 넘는 예산을 쓴다. 문학상 상금과 1박 2일의 행사에 그 정도의 돈을 지출하는 것에 대해 진해시 관계자와 시민들은 별반 불만이 없다고 한다. 김달진문학제를 통해 진해시를 알리는 비용치곤 아깝지 않다는 반응이다. "봄엔 군항제, 가을엔 김달진문학제" 이런 쌍두마차로 문화 진해 건설에 박차를 가하고 있다.

기왕에 선포한 시의 도시라면 필자는 이 지면을 빌려 명실상부한 문학축제를 하나 만들자고 제언한다. 아무리 생각해도 '가고파'만 한 브랜드는 없다. 그러므로 '노산문학제'가 좋겠다. 부산의 요산문학제, 전북 고창의 미당문학제, 충북 옥천의 지용문학제 같은 축제를 마산에선들 왜 못 만들 것인가.

도시의 가슴을 열고 밀려 들어온 가고파의 바다와 돝섬, 바다에 잇닿은 무학산의 위용이 더해진 마산에서 띄우는 시의 향연은 충분히 한반도를 적실 수 있다. 멀리 시가지의 불빛을 배경으로 바다에 여러 척의 배들을 묶어 갑판 위에서 시를 낭송하고 노래하는 광경을 생각해 보라. 뱃전에서 춤추고 음악을 연주하는 풍경이라면 관심 있는 매스컴들은 집중적인 취재를 할 것이다.

적은 예산으로 시낭송 한 번 하고 작품집 한 권 내는 것으로 '시의 도시'는 언감생심이다. 적은 예산과 졸속행정으로는 생색내는 정도의 결과밖에 얻지 못한다. 결국 원하는 만큼의 결과를 얻으려면 그에 상응하는 투자비는 물론 전문가와 관심 있는 시민이 중론을 모아야 한다. 제대로 된 아이디어와 사명감을 가진 사람들에 의해 기획된다면 축제의 성공은 보장받는다.

나름대로 인프라 구축은 잘 되어 있다. 한국을 대표하는 강연회인 합포문화동인회의 민족문화강좌가 30년을 넘어섰다. 이 강좌와 단체가 노산 이은상 선생이 지역문화 발전을 위해 태동시켰다는 것은 익히 알려진 사실이다. 이 단체가 매년 해 오던 '노산가곡의 밤'도 있다. 통영에서 윤이상 교가음악제를 했듯이 노산이 작사한 교가들도 찾아 교가음악회 같은 것도 해볼 만하다. 많이 알려진 노산의 가곡과 마산을 지키는 시인들의 시에 곡을 붙인 창작곡들을 묶어 발표회를 열면 그 또한 성대한 행사가 될 것이다. 노비산에 지은 마산문학관을 원래의 이름인 '노산문학관'으로 돌려주는 것은 너무도 시급하다.

 추석을 보내고 이제 본격적으로 제 고장을 알릴 축제의 계절이 왔다. 마산을 대표하는 국화축제가 곧 열리겠지만, 개천예술제에 비하면 어딘지 정신 하나가 빠진 듯한 허전함은 어쩌지 못하겠다. '시의 도시'에 사는 시인으로서 긍지가 없다면 부끄러운 일이다. 당당히 '시의 도시' 마산으로 오라고 말할 날이 빨리 오길 기대해 본다.

—2008. 9.

편집후기

대문호 노산 선생의 삶과 사유
— 노산 기림 사화집 발간의 의의

김복근

　문학은 언어로 이루어진 예술입니다. 좋은 문학작품을 만나면 마음이 맑고 그윽해지며, 삶은 아름다워지고 풍요로워집니다. 성품은 고상하고 순결해집니다. 심신을 즐겁게 하면서 진실을 깨우쳐 주기도 하고, 생생한 에너지와 원기를 회복시켜 주기도 합니다.
　우리가 노산 이은상 선생의 작품을 좋아하는 것은 맑고 아름다운 삶의 진실을 깨우쳐 주기 때문입니다.
　선생은 1903년 마산에서 태어나 마산 창신학교를 졸업하고, 1923년 연희전문학교 문과에서 수업하다가 1925년부터 1927년까지 일본 와세다대학(早稻田大學) 사학부와 동양문고에서 국문학을 연구하였습니다. 1928년 조선어사전 편찬위원을 시작으로 이화여전 교수, 동아일보 기자, 《신가정新家庭》 편집인, 조선일보사 출판국 주간 등을 역임하였습니다. 1942년 조선어학회사건에 연루되어 홍원 경찰서와 함흥 형무소에 구금되었다가 이듬해 기소유예로 석방되었으며, 1945년 사상범 예비검속으로 광양경찰서에 유치 중에 광복과 함께 풀려났습니다. 광복 후 이충무공기념사업회 이사장, 안중근의사숭모회장, 민족문화협회장, 독립운동사 편찬위원장 등을 맡아 민족정신 함양과 선열 기림 사업을 펼쳤습니다.

선생은 시, 시조, 수필, 평론, 국학연구 등 다양한 작품 활동을 하다가 1926년대, 시조부흥 논의가 본격화되면서 시조를 비롯한 전통문학과 국학 쪽으로 기울어지기 시작합니다. 한동안 자유시와 시조 창작을 병행하다가 1930년대부터 시조인으로서 자리를 굳히게 됩니다. 시조를 창작하면서 시조에 관한 이론을 전개하기도 합니다. 동아일보에 발표한 〈시조 문제〉, 〈시조단형추이時調短型芻議〉, 〈시조창작문제〉 등의 논고를 통하여 시조의 정형성을 구명하려 하였습니다. 1932년에 나온 《노산시조집鷺山時調集》은 향수·감상·무상·자연예찬 등이 담겨 있는 명품으로 평가되고 있습니다. 〈고향 생각〉, 〈가고파〉, 〈성불사의 밤〉, 〈옛 동산에 올라〉 등은 가곡으로 작곡되어 그 감미로운 서정성은 인구에 회자됩니다. 광복 후 선생의 시조는 국토예찬, 조국분단의 아픔, 통일에 대한 염원, 우국지사들에 대한 추모 등 개인적 정서보다는 사회성을 강조하는 방향으로 바뀌어 갑니다. 이러한 작품들은 《노산시조선집》(1958)

과 《푸른 하늘의 뜻은》(1970)으로 묶어졌고, 마지막 시집 《기원祈願》(1982)에서 절정을 이루게 됩니다. 선생의 시조는 쉬우면서 기발하여 독자에게 친근감을 주고 있습니다. 사학가이면서 수필가이기도 한 선생은 해박한 역사인식과 유려한 문장으로 국토순례기행문과 선열의 전기를 많이 써서 애국사상을 고취하는 데 힘썼습니다. 광복 후에는 사회사업에도 진력하게 됩니다.

　문학 작품은 당대 사회가 처한 상황과 밀접한 관계가 있습니다. 선생의 경우는 일제 강점기라는 어렵고 궁핍한 현실에서 유년기와 소년기, 청·장년기를 보내야 하는 지식인으로서의 고뇌를 안고 있습니다. 한 시대를 대표하는 시인으로서 그의 생애와 작품은 그가 살았던 시대와 작품과의 상관관계가 드러나며, 구체적으로 그의 작품 세계에 나타나는 주제 의식의 변모 양상과 직결되어 있습니다.

　문학 작품은 작가의 경험과 상상력에 의해 만들어지는 독창적인 소산입니다. 작품이 독자적인 원리와 체계를 가지면서 동시에 그것이 사회적 산물이라면 작품이 갖고 있는 미적 양식으로서의 독자성과 사회적 표현으로서의 역사성은 그 중요성이 다 같이 인정되어야 합니다.

　선생의 아호 노산鷺山은 선생의 생가가 있던 노비산鷺飛山에서 따온 것으로 알려져 있습니다. 이를 파자해보면 뜻을 나타내는 새 '조鳥'자와 음을 나타내는 길 '노路'자를 더하여 이루어진 형성문자입니다. 길 노路는 발로 걸어 다니는 '길'을 의미하기도 하고, 사람의

'도리'나 '방도'를 의미하기도 합니다. 노鷺자가 함의하는 백로는 유라시아 대륙에서 남부 아프리카와 동남아시아까지 날아다니는 여름 철새입니다. 젊은 시절 노비산에 서식하는 백로를 보면서 자유인의 기상을 키운 선생은 방방곡곡 산과 강을 직접 답사하면서 《조국강산》이라는 시집을 남기기도 하였고, 작고하는 해에는 남북분계선 155마일을 횡단하면서 시집 《기원》을 읊었습니다. 한국산악회장으로서 등산 인구의 저변 확대와 등산 아카데미 강좌를 개설하여 전문산악인을 양성하면서 수많은 산행기를 발표하기도 합니다.

　선생의 시조를 읊조리면서 땅에서 올라오는 지기地氣와 하늘에서 내려오는 천기天氣가 호응하는 도법자연道法自然의 기쁨을 맛보게 됩니다. 그러나 언젠가부터 우리 마산에는 선생의 흔적과 자취를 찾아보기 어려워져가고 있어 이를 안타깝게 생각한 우리는 소박하지만, 노산기림사화집 《가고파, 내 고향 남쪽바다》를 묶어내기로 하였습니다.

　지난해부터 원고를 수합하고, 정리하고, 편집하면서 우리는 일제강점기에는 조국 광복을 위해 헌신하였고, 광복 후에는 정치적 유혹을 멀리하면서 오로지 나라 사랑과 문학 활동에만 전념한 선생의 숭고한 행적을 밝힐 수 있어 남다른 기쁨을 맛보았습니다. 선생의 작품 속에는 선생의 삶과 사유체계가 담겨 있고, 그 삶 속에 역사와 사회적 환경, 인간적 조건이 포괄되어 있습니다. 작업을 하는 과정에서 선생의 시조 정신과 미의식, 삶에 대한 굳건한 의지와 조국애를 음미하기도 하였습니다.

  선생에 관한 글은 수없이 많이 발표되고 있으나. 이번 사화집에는 선생을 기리는 내용을 중심으로 33명의 후학들이 47편의 글을 모아 수록하게 되었습니다. 다양한 필진의 참여를 위해 1인 3편이내로 제한하였으며, 비교를 하거나 비판적인 원고는 제외하였습니다. 귀한 원고를 주신 필진과 축하의 글을 주신 윤재근 교수님, 강병도 이사장님, 이 책이 나온다는 소식을 듣고, 격려해주신 여러분께 감사드리며, 편집 취지와 달라 수록하지 못한 원고의 필자에게는 양해를 구합니다. 우리의 작은 노력이 선생을 이해하는데, 조금이라도 도움이 되었으면 좋겠습니다.

(편집 실무)

노산 이은상
1903~1982

약력

원적 창원시 마산회원구 노산동 102번지
1903년 10월 22일   경남 마산에서 교육가 남하 이승규 선생의 차남으로
출생(본관 전주, 모친은 김해 김씨 영유)
1982년 9월 18일   서울에서 서거

● 학력

1918년 3월 부친이 설립한 마산 사립 창신학교 고등과 졸업
1923년 3월 연희전문학교 문과 수업
1925년 4월~1927년 3월 일본 와세다대학(早稲田大學) 사학부 청강
1927년 8월~1928년 5월 일본 동경 동양문고에서 국문학 연구

1969년 5월 경희대학교에서 명예문학박사학위 받음
1973년 2월 국립전남대학교에서 명예문학박사학위 받음
1974년 3월 연세대학교에서 명예문학박사학위 받음

● **경력**

1928년 6월~1929년 10월 계명구락부 조선어사전 편찬위원
1929년 10월~1931년 3월 월간 잡지 《신생》 편집장
1931년 4월~1932년 3월 이화여자전문학교 문과교수
1932년 4월~1935년 5월 동아일보사 기자, 월간 《신가정》 창간편집
1935년 6월~1938년 6월 조선일보사 편집국 고문 겸 출판국 주간
1938년 6월~1942년 9월 일제탄압으로 전남 백운산하 은거
1942년 12월~1943년 9월 조선어학회사건으로 홍원경찰서 및 함흥감옥에 구금되었다가 기소유예로 석방
1945년 1월~1945년 8월 사상예비금속으로 광양유치장에 구금되었다가 해방과 함께 출옥
1945년 12월~1948년 10월 전남 광주에서 호남신문사 창간 사장 및 국학도서출판관 사장
1949년 4월~1950년 3월 동국대학교 문리과대학 강사
1951년 1월~1952년 5월 부산 피난생활
1952년 6월~1954년 5월 전남 광주에서 호남신문사 복간 사장
1953년 4월~1955년 3월 전남대학교 재단이사장
1954년 10월~1969년 3월 대구청구대학 교수

1955년 10월~1961년 3월 사단법인 이충무공기념사업회장
1957년 4월~1961년 5월 사단법인 신문학원 이사
1958년 4월~1961년 5월 국립부산대학교 및 동아대학교 특별강의
1959년 1월~1961년 12월 동방고서국역회장
1962년 2월~1982년 9월 사단법인 민족문화회관 회장
1962년 3월~1982년 9월 사단법인 안중근 의사 숭모회장
1963년 7월~1968년 12월 사단법인 동학혁명기념사업회 이사
1964년 10월~1968년 12월 이한응 열사 숭모회장
1965년 1월 조소앙 선생 문고편찬위원회 위원장(사업완료)
1965년 10월~1982년 9월 한국청년운동협의회장
1966년 1월~1976년 12월 한국시조작가협회장
1966년 4월~1982년 9월 재단법인 한글학회 이사
1967년 3월~1982년 9월 세계 에스페란토협회 국제이사
1967년 4월~1982년 9월 문화공보부 문화재위원
1967년 7월~1982년 9월 재단법인 한국산악회장
1968년 3월~1977년 5월 재단법인 숙명학원 이사장
1968년 9월~1970년 12월 대종교종경종사 편찬위원회 위원장
1969년 2월 독립운동사 편찬위원회 위원장(사업완료)
1971년 1월 의병대장 심남일장군 기념비 건립위원회 위원장(사업완료)
1972년 1월 벽산 김도현 열사 기념비 건립위원회 위원장(사업완료)
1972년 1월~1982년 9월 이충무공 기념사업회장
1972년 3월~1982년 9월 사단법인 세종대왕기념사업회 이사
1972년 6월~1982년 9월 사단법인 문화재보호협회 이사
1973년 2월~1982년 9월 국제펜클럽 한국본부 고문
1973년 10월~1982년 9월 국제산악연맹 산악보호분과위원회 위원
1974년 1월~1982년 9월 사단법인 자연보존협회 이사

1975년 3월~1982년 9월 신단재선생기념사업회장

1976년 1월 백범선생 탄신백주년축전 집행위원장(사업완료)

1976년 10월 한글학회회관 건립위원회 위원장(사업완료)

1976년 8월~1982년 9월 재단법인 성곡학술문화재단 이사장

1976년 12월~1982년 9월 사단법인 임백호선생기념사업회 회장

1977년 1월~1982년 9월 한국시조시인협회 종신 명예회장

1977년 2월~1982년 9월 사단법인 한국문화원연합회 회장

1977년 3월~1982년 9월 사단법인 충민공 임경업장군기념사업회 이사장

1977년 3월~1982년 9월 사단법인 강이식장군숭모회 회장

1977년 5월~1982년 9월 한중문화친선협회 고문

1977년 6월~1982년 9월 총력안보중앙협의회 고문

1977년 10월~1982년 9월 한국민속촌 박물관 고문

1978년 1월~1982년 9월 문화공보부 선현영정심의위원회 위원

1978년 2월~1982년 9월 체암 나대용장군기념사업회 고문

1978년 2월~1982년 9월 사단법인 지봉이수광선생 기념사업회 고문

1978년 2월~1982년 9월 사단법인 율곡사상연구원 고문

1978년 10월 자연보호헌장기초심의위원회 위원장(사업완료)

1978년 10월~1982년 9월 대한민국예술원 종신회원

1978년 5월~1982년 9월 국토통일원 고문

1979년 3월~1982년 9월 대한체육회 고문

1979년 7월~1982년 9월 독립동지회 고문

1979년 9월 안중근의사 탄신 백주년축전 집행위원장(사업완료)

1979년 10월~1980년 10월 국제신문사 고문

1980년 3월 범독립운동자대회 고문

1980년 9월 한국도로공사 10년사편찬위원회 고문(사업완료)

1980년 12월 단재 신채호선생 탄신 백주년 축전 회장(사업완료)

1980년 12월~1982년 9월 광복회 고문
1981년 1월~1982년 9월 통일촉진회최고위원
1981년 4월~1982년 9월 국정자문위원
1982년 9월 18일 서울에서 서거(국립서울현충원 안장)

● **수상**
1964년 7월 대한민국 예술원 문학공로상 받음
1969년 10월 한글공로상(대통령상) 받음
1970년 8월 대한민국 국민훈장 무궁화장 받음
1973년 5월 5 · 16민족상 학예부문 본상 받음
1977년 12월 대한민국 건국포장 받음
1982년 9월 금관문화훈장(1등급) 추서 받음

노산 기림 사화집 필자 약력
(가나다 순)

강희근 시인, 문학박사. 1965년 서울신문 신춘문예 시 당선. 김삿갓 문학상, 조연현문학상 등 수상. 경상남도문인협회장, 경남펜회장, 배달말학회 회장 역임. 저서 《우리시문학 연구》 등, 시집 《프란치스코의 아침》 등. 국립경상대학교 명예교수, 한국문야협회 부이사장, 《월간문학》 편집인

공영해 시조시인. 1999년 《시조문학》 등단. 7·락문학상, 경남예술인상 수상 외. 창원문인협회 회장 지냄. 시집 《낮은 기침》, 《천주산 내 사랑》, 3형제 문집 《방앗간집 아이들》 외. 한국시조시인협회·오늘의시인회의·포에지창원 회원

김교한 시조시인. 울산광역시 울주군 출생. 문교부 시행 고등학교 교사 자격 검정고시 합격. 1964년 보건사회부 공모 기생충 예방의 노래 가사 당선. 1966년 《시조문학》 3회 천료, 《다산문학(문협)》(1968)·《경남문학》(1969) 창간. 시조집 《대》 《미완성 설경 한 폭》 《잠들지 않는 강》 등. 성파시조문학상, 경상남도문화상, 유심작품상 특별상, 한국문학상 등 수상. 경남문인협회, 경남시조시인협회, 울산시조시인협회, 한국시조시인협회, 한국문인협회 고문

김복근 시조시인, 문학박사. 한국시조문학상 성파시조문학상, 경상남도문화상, 한국문협작가상, 유심작품상, 국제PEN 송운문학상 등 수상. 경상남도문인협회장, 한국시조시인협회 부이사장, 노산탄신100주년기념사업회장, 거제교육청교육장 등 역임. 시조집 《는개, 몸속을 지나가다》 《새들의 생존법칙》 등, 동시집 《손이 큰 아이》, 저서 《노산시조론》 등. 한국문인협회 자문위원, 경상남도문인협회 고문, 《화중련》 주간

김시종 시인. 1967년 중앙일보 신춘문예 당선. 경북문화상, 노산문학상 등 수상. 현대시인협회 중앙위원, 한국자유시인협회 부회장, 국사편찬위원회 사료조사위원, 문경마성중학교장 등 역임. 시집 《자유의 여신상》 등 37권. 수필집 《사장풍년》 등 4권

김연동 시조시인. 1987년 《경인일보》 신춘문예 당선. 《시조문학》 천료. 《월간문학》 신인상 등으로 등단. 중앙시조대상(대상), 가람시조문학상, 이호우·이영도시조문학상 등 수상. 경상남도문인협회장, 오늘의시조시인회의 의장, 경남교육연수원장 등 역임. 시조집 《저문 날의 構圖》 《바다와 신발》 《점묘하듯, 상감하듯》 《시간의 흔적》 《휘어지는 연습》 등

김정희 시조시인. 1975년 《시조문학》 등단. 한국시조문학상, 월하시조문학상 외 다수 수상. 한국시조시인협회 부회장, 진주문인협회장 역임. 시조집 《모국어》 《물 위에 뜬 판화》 등 12권, 수필집 《차 한 잔의 명상》 등 3권. 한국시조문학관장, 한국문협 홍보위원

김진희 시조시인. 경남시조문학상, 성파시조문학상 수상. 경남여류문학회장 역임. 시조집 《내 마음의 낙관》, 《슬픔의 안쪽》. 경남시조시인협회장

남재우 기업인. 서울대학교 법과대학 졸업. 새마을훈장 노력장 수상. 라전모방(주) 대표이사, 경기도 정무부지사 등 역임. 저서 《재기하는 기업인》 《그곳에 마산이 있었다》. 한국기업윤리경영연구원 이사장, 한국경영자총협회 투명경영대상 심사위원

명형대 문학평론가. 부산대학교 국문과 졸업(국문학 박사). 1998년 《오늘의 문학》 등단. 경남대학교 교육대학원장 역임. 평론집 《소설 자세히 읽기》. 경상남도문인협회 회원

민병기 시인. 고려대 국문과 학·석·박사학위 받음. 저서 《현대시·시조 통합이론》 《정지용》, 공저 《현대작가작품론》 《한국의 영상문학》, 편저 《신춘문예 당선 우수시 100선》, 시집 《물방울의 꿈》, 황선하 외 3인 시집 《가자 아름다운 나라로》. 창원대 국문과 명예교수

백인섭 산악인. 아주대학교 명예교수(정보통신대)

서일옥 시조시인. 1990년 《경남신문》 신춘문예 시조 당선. 가람시조문학상, 김달진창원문학상, 한국시조시인협회상 등 수상. 경남시조시인협회장, 창녕교육청교육장 역임. 시조집 《영화스케치》 《그늘의 무늬》, 시선집 《병산우체국》, 동시조집 《숲에서 자는 바람》 등. 마산문인협회장, 한국시조시인협회 부이사장

손수원 언론인. 월간 《여행스케치》, 월간 《리저플러스》 기자 지냄. 현재 조선뉴스프레스 레포츠미디어본부 월간 《산》 기자

오정방 시인, 수필가, 산악인. 서경대 영문과 졸업(BA) San Francisco Christian Univ.&Seminary 졸업(M.Div.) 2000년 《세기문학》 시 신인상 당선, 미주 중앙일보 신춘문예 시조 당선, 《문학과 육필》 수필 당선. 오레곤한인교회장로회장, 오레곤기독실업인회장, 오레곤장로찬양단장, 서북미문학인협회장 등 역임. 시집 《그리운 독도》, 시문선 《다시 태어나도 나는 그대를 선택하리》 등. 온누리성결교회 원로장로, 오레곤문인협회장, 미국 오레곤성서신학원 교수

오하룡 시인. 한국농민문학상, 휴머니즘문예상, 경상남도문화상, 마산시문화상, 마산문학상 등 수상. 마산문협 회장, 마산원로예술인회장, 낭송문학회 상임, 월간 《최신원예》 편집장 등 역임. 시집 《모향》 《잡초의 생각으로도》 《별향》 《실향을 위하여》 《마산에 살며》 《창원별곡》 《내 얼굴》 《현실과 몽상 사이》 《시집 밖의 시》, 동시집 《아이와 운동장》 등. 도서출판 경남 대표, 계간 《작은문학》 발행인

옥영숙 시조시인. 2000년 매일신문 신춘문예 당선. 열린시학상, 경남시조문학상 수상. 시집 《사라진 詩》 《완전한 거짓말》

윤재근 문학평론가, 문학박사. 마산고, 서울대 영문학과, 동 대학원 미학과, 경희대 대학원 국문학과 졸업. 월탄문학상, 한국문학상, 현대문학상 등 수상. 계간 《문화비평》, 월간 《현대문학》 편집인 겸 주간, 한양대학교 국문학과 교수 등 역임. 저서 《詩論》 《文藝美學》 《東洋의 美學》 《문화전쟁》 《萬海詩와 주제적 詩論》 《萬海詩 '님의 침묵' 연구》 《莊子 철학 우화》(전3권) 《樂論》 《歌論》 《계사론》 등. 한양대학교 명예교수

이경철 시인, 문학평론가, 언론인. 1989년부터 《현대문학》 《한국문학》 등 평론 발표, 2010년 《시와시학》 김남조 시인 추천 등단. 현대불교문학상(평론부문), 질마재문학상 등 수상. 저서 《천상병, 박용래 시 연구》 《21세기 시조 창작과 비평의 현장》 《미당 서정주 평전》 등

이근배 시인, 시조시인, 대학교수. 서라벌예술다학 문예창작과 졸업. 조선·동아 등 5개 일간지 시, 시조, 동시 신춘문예 당선. 정지용문학상, 만해대상, 고산문학상, 현대불교문학상, 편운문학상, 가람문학상, 은관문화훈장 등 수상. 한국시인협회 회장, 한국간행물윤리위원회 위원장, 한국문인협회 시조분과위원장 역임. 시집 《사랑을 연주하는 꽃나무》 《노래여 노래여》, 시조집 《동해바닷속의 들거북이 하는 말》, 장편서사시집 《한강》. 대한민국예술원 부회장

이달균 시인, 시조시인. 1987년 시집 《南海行》과 무크 《지평》으로 등단. 중앙시조대상, 중앙시조대상신인상, 경남문학상, 경남시조문학상, 마산시문화상(문학부문) 등 수상. 마산문인협회장, 경남문인협회부회장 등 역임. 시집 《늙은 사자》 《문자의 파편》 《말뚝이 가라사대》 《장롱의 말》 《북행열차를 타고》 《南海行》, 영화에세이집 《영화, 포장마차에서의 즐거운 수다》

이두애 시조시인. 수필가. 산문집 《흑백추억》 외 2권. 경남시조시인협회 사무국장

이용대 산악인. 한국산악회 공로상, 대한민국산악상, 한국산악상 이은상문화상, 대통령표창장, 자랑스런 대한국민대상 등 수상. 저서 《등산교실》 《알피니즘, 도전의 역사》 《그곳에 산이 있었다》 등. 한국산악회 도서관장, 대한산악연맹 등산교육원 특임교수, 한국산악회 자문위원·종신회원, 코오롱등산학교 교장, 국립산악박물관 자문위원. 설악산 장군봉 남서면 6개 루트 개척. 아제르바이잔 국제빙벽대회 출전 등 해외 등반 다수

이우걸 시조시인. 1973년 《현대시학》으로 등단. 중앙시조대상, 한국문학상, 가람시조문학상, 이호우시조문학상, 김상옥시조문학상, 이영도시조문학상 등 수상. 시집 《지금은 누군가 와서》 등 20권

이처기 시조시인. 《시조문학》 천료, 《현대시조》 신인상. 시민불교문화상, 한국시조시인협회 본상, 경남시조문학상 수상. 《시조세계》 편집위원, 가락문학회·남해문학회 고문, 한국시조시인협회 중앙위원, 경남시조시인협회장 역임. 시조집 《널문리 가는 길》 《평양면옥》 《장엄한 절정》 《하늘채 문간채》 등

임규홍 경상대학교 교수. 국어문화원 원장. 저서 《행복한 삶을 위한 대화》 《우리말 올바로 공부하기》 등

임성구 시조시인. 1994년 《현대시조》 신인상 등단. 경남시조문학상, 성파시조문학상 수상. 시조집 《오랜 시간 골목에 서 있었다》 《살구나무 죽비》 《앵통하다 봄》, 현대시조 100인 선집 《형아》. 《서정과 현실》 편집부장

장성진 문학평론가. 경북대학교 대학원 석·박사 과정 수료. 배달말학회 회장 지냄. 창원대학교 국어국문학과 교수, 경남문협 회원

정목일 수필가. 언론인. 1976년 《현대문학》 수필 천료. 한국문학상, 조경희문학상, 원종린문학상, 흑구문학상, 신곡문학상 등 수상. 경남신문 편집국장, 한국수필가협회 이사장·명예이사장, 한국문인협회 수필분과회장·부이사장. 수필집 《남강 부근의 겨울나무》 《한국의 영혼》 《별이 되어 풀꽃이 되어》 《만나면서 떠나면서》 《모래알 이야기》 《달빛고요》 《지금 이 순간》 《나의 한국미 산책》 등 30여 권

조원기 시인, 수필가, 기업인. 저서 《양병학》, 시집 《새로운 몸짓으로 살고 싶다》《나무는 뿌리가 있다》《사계와 기의 인간》《새로운 몸짓으로 살고 있는가》. 한국임상양병약학회회장, 한국문학예술가협회장, 조아제약(주) 회장, 메디팜(주) 회장

조현술 시조시인, 아동문학가, 교육학 박사. 1995년 《현대시조》 천료, 1985년 경향신문 신춘문예 동화 당선. 경상남도문화상, 경남아동문학상, 남명특별문학상 수상. 마산문인협회장, 가락문학회장 역임. 저서 《오총사 파이팅》《별들이 내리는 숲》《누가 하느님의 정원을 가꿀까요》. 경상남도문인협회장

하순희 시조시인. 1989년 《시조문학》 천료, 1991년 경남신문, 1992년 서울신문 신춘문예 당선. 경남시조문학상, 중앙시조신인상, 성파시조문학상, 현대불교문학상 수상. 경남시조시인협회장, 경남여류문학회장 역임. 시조집 《별 하나를 기다리며》《적멸을 꿈꾸며》, 동시조집 《잘한다 잘한다 정말》 등. 《화중련》 편집장

홍진기 시인, 시조시인. 경남도문화상(문학), 경남도예술인상, 성파시조문학상, 조연현문학상, 경남문학상 등 수상. 작품집 《무늬》《거울》《빈 잔》《울음 우는 도시》 등 3권. 한국문인협회 · 국제펜 한국본부 · 한국시조시인협회 자문위원, 한국현대시인협회 · 가락문학회 등 고문

이 도서의 국립중앙도서관 출판예정도서목록(CIP)은 서지정보유통지원시스템 홈페이지(http://seoji.nl.go.kr)와 국가자료공동목록시스템(http://www.nl.go.kr/kolisnet)에서 이용하실 수 있습니다.(CIP제어번호: CIP2017015123)

노산 이은상 선생 기림 사화집
가고파, 내 고향 남쪽 바다

펴낸날　　2017년 7월 15일

펴낸이　　김진희
엮은이　　김복근
펴낸곳　　경남시조시인협회
편집위원　우영옥 김주경 서성자

만든곳　　도서출판 경남
주　소　　51282 창원시 마산합포구 몽고정길 2-1
연락처　　(055) 245-8818, 8819
이메일　　gnbook@empas.com
출판등록　제567-1호(1985. 5. 6)

ISBN 979-11-87958-18-5-03810

〔값 15,000원〕